木材の見える
感性豊かな暮らし。

木材を使うことの意味

「木材は地球環境に優しい資材です」……木造住宅のパンフレット
どで良く目にするキャッチコピーですが、現在では、この根拠が科学的
にも明らかにされています。世界的に「木材利用の地球環境貢献」が広
く認知されるようになり、各国政府は、木質を含めたバイオマス利用促
進政策を展開しています。
我が国でも、京都議定書目標達成計画の政府実行計画において、建設
資材等の選択として「木材の利用……（略）……を促進する」と明示され、
平成21年12月に公表された「森林・林業再生プラン」では、政府方針と
して〝木材需要拡大〟や〝木材自給率50％以上〟が示されるなど、木材
需要拡大に向けた取組みが活発化しています。また、平成22年10月に施
行された「公共建築物等における木材の利用の促進に関する法律」では、
国が率先して木材利用に取組むとともに、地方公共団体や民間事業者に
も主体的な取組を促しています。さらに、住宅や商業施設などの一般建
築物への波及効果、エネルギー利用、内装や外装の木質化も含め、木材
全体の利用拡大を促しています。
「木質化のすすめ」に詳述していますが、「木材」は他材料に比べて加
工に要するエネルギーが少なく、「木材」は炭素の貯蔵庫として機能す
るばかりでなく、「木材」を利用することによって二酸化炭素の吸収源
である森林を整備することができます。すなわち、消費者の皆さんにと
っては、「木材」を使って戴くだけで、地球環境の保全と修復に貢献で
きるのです。
本書では、Cool Wood……「木材」が持つ優れた機能と意匠にあふれ
た魅力的な木の使い方、見せ方を紹介しています。「木材」を正しく知
って戴くとともに、「木材」を賢く使って戴くためのヒントとなること
を願っています。
バイオマス時代の代表である木質資源……その有効な利用促進こそが
地球環境と調和のとれた人類の発展をもたらす「木ワード *keyword*」な
のです。

東京大学アジア生物資源環境研究センター
環境材料設計学研究室 准教授
井上雅文

CONTENTS

01 本書の活用の仕方
02 はじめに

木材の知識

06 木の種類いろいろ。
ズバリ！チャート診断
10 あなたにピッタリの木質化は？

COOLWOOD傑作選

12 赤ちゃん木育ひろば No: 01/ Shinjyuku-ku, Tokyo/ 2011
14 ひっそりと暮らせる住まい No: 02/ Matsumoto-shi, Nagano/ 2010
16 階段で魅せる No: 03/ Iga-shi, Mie/ 2012
18 気持ちいい浴室広がるベランダ No: 04/ Shiso-shi, Hyogo/ 2011
20 自然のカタチを活かす No: 05/ Nagahama-shi,shiga/ 2010
22 木を生かす和風モダン No: 06/ Nishi-ku, Osaka/ 2006
23 木のアンティーク感 No: 07/ Kita-ku, Osaka/ 2008
24 木と触れ合う暮らし No: 08/ Mie-gun, Mie/ 2008
26 古民家を BAR に No: 09/ Hirano-ku, Osaka/ 2007
28 森からの贈り物 No: 10/product design
29 木材がもつ癒し効果の活用 No: 11/ Okayama-shi, Okayama/ 2010
30 シャープな心地よさ No: 12/ Tyuo-ku, Osaka/ 2011
34 木の音にこだわる No: 13/product design
35 木製の建具 No: 14/ Tondabayasi-shi, Osaka/ 2011
36 木材の地産地消というアイデンティティ No: 15/ Yoshino-gun, Nara/ 2010
38 木のモダンな味わい No: 16/ Toyohashi-shi, Aichi/ 2008
39 余白の美空間 No: 17/ Hamamatsu-shi,Shizuoka/ 2008
40 木組みによる都市型住宅空間 No: 18/ Suginami-ku, Tokyo/ 2011
42 地域材の活用 No: 19/ product design
43 身のまわりに木材を No: 20/product design
44 木造校舎のぬくもり No: 21/ Annaka-shi, Gunma/ 2006
48 公共に木材を 1 No: 22/ Miyazaki
50 天然木の魅力 No: 23/ Hekinan-shi, Aichi/ 2002
51 自然に還る素材で造る家 No: 24/ Toyohashi-shi, Aichi/ Completion: 2007
52 「木のお風呂」でゆったりと No: 25/ product design
54 名栗仕上げの表情 No: 26/ Minoh-shi, Osaka/ 2011
55 晴れた日にはデッキで No: 27/ Kato-shi, Hyogo/ 2003
56 ビル外壁の木質化 No: 28/ Minato-ku, Tokyo/ 2011 Nishi-ku, Osaka/ 2010
57 木造のコンビニエンスストアー No: 29/ Minamiaso-mura, Kumamoto/ 2007
58 公共に木材を 2 No: 30/ Shimanto-shi, Kochi/ 2010
60 地球と家族にやさしい住まい No: 31/ Iida-shi, Nagano/ 2010
62 木のモニュメント No: 32/ Kishiwada-shi, Osaka/ 2011
63 無垢柾板のキッチン No: 33/ product design
64 アパートに新提案 No: 34/ Minoh-shi, Osaka/ 2011
66 栗材の空間 No: 35/ Kunitachi-shi,Tokyo/ 2000
68 木組みの迫力、御柱 No: 36/ Tsu-shi, Mie/ 2012
72 名栗のデザイン No: 37/ Takarazuka-shi,Hyogo / 2011
74 新築に古材を使う No: 38/ Yame-shi, Fukuoka/ 2003
75 伝統構法による東屋 No: 39/ Asakura-gun, Fukuoka/ 2010
76 “ひのき” という素材の design No: 40/ Kita-ku, Osaka/ 2011
78 爽やかな空間を No: 41/ Toyohashi-shi, Aichi/ 2006
79 建物と林を繋ぐ No: 42/ Nishinomiya-shi, Hyogo/ 2008
80 木材と自然食 No: 43/ Machida-shi, Tokyo/ 2009
81 木材とひかりの共演 No: 44/ product design

いくら掛かるの？木質化

82 部屋別にコストの目安を知る。
84 床材の種類・コストを知る。

木質化のすすめ

COLUMN

目からウロコの木材知識　井上雅文

Culture of the tree of yearning

木の種類いろいろ。

Various kin

01. 赤松（あかまつ）/
建築材、造作材、土木材、船舶材などに用いられる。心材は淡い黄褐色から淡い褐色、辺材は淡い黄白色で辺心材の境目はほぼ明瞭。木質は密で堅さは中くらい、加工は容易で狂いはややあるが、水湿に強く耐久性に富む。

02. 樺（かば）/
洋家具材、床材、造作材などに用いられる。心材は淡紅褐色で辺材は黄白色で辺心材の境目は明瞭。早材と晩材の差が少ないため年輪は明らかではない。木質は均質で重硬で耐摩耗性があり平らな面を保持できる。

03. 唐松（からまつ）/
用途は土台、電柱、枕木、など。辺材は白色、心材は褐色で、辺心材の境目は明瞭。木理は通直で、年輪がくっきり浮かび上がっている、乾燥時に捩じれやすく、割れや狂いも出やすいので注意が必要。

04. 桐（きり）/
用途は家具材、下駄材、楽器材、箱材など。辺心材の境目は不明瞭で、全体にくすんだ白色～褐色を帯び、時に紫色を呈する。国産材で最も軽軟なため加工性は極めて良好、収縮膨張が小さく狂いが少ない。

05. 栗（くり）/
用途は家具材、土台、造作材、など。辺材はやや褐色を帯びた灰白色、心材は淡い褐色を呈しており、辺心材の境目は明瞭。やや重硬で弾力・反張力に富み、水潤に強いため耐朽性も大きい。

06. 欅（けやき）/
用途は建築材、家具材、建具材、造作材など。辺材は淡い黄褐色、心材は黄褐色～黄赤褐色を帯びており、辺心材の境目は明瞭。一般に木理は通直だが肌目は粗く、時に玉杢・如輪杢などの美しい木目を形成する。重硬で加工性はやや悪いが、強靭で狂いが少ない。

07. 杉（すぎ）/
用途は建築材、建具材、造作材、梱包用材など。辺材と心材の境目が明瞭で、辺材は白色、心材は淡い紅色～濃い赤褐色、ときに黒色と材色に幅がある。木理は通直、肌目はやや粗く、特有な香気を放つ。脂気が少ない上、軟らかく軽いので加工しやすい。

08. セン/
用途は家具材、合板材、造作材など。全体に淡い灰黄色～淡い灰褐色で、辺心材の境目は不明瞭。木理は交錯し、肌目も粗いが、板目面は光沢があり年輪紋様が美しい。やや軽軟で加工性がよく、仕上げ面に美しい杢目が現れる。

09. タモ/
用途は家具材、造作材、器具材など。辺材は淡い黄白色、心材は淡い灰褐色で、辺心材の境目は明瞭。木理はほぼ通直だが肌目は粗く、時に縮杢などのしい杢が現れる。重硬で靭性・弾力性に富んでいる。

まず樹種の特徴を把握しよう。

世界中で木材として利用できる樹種はどれぐらいあるのでしょうか、日本産だけでも100種類以上はありますので、世界中で見ればおそらく1000種類以上はあるかもしれません。そんな様々な木材ですが、ここでは一般に入手しやすい樹種を中心に御紹介させて頂きます。お好みに合わせて、色合い・硬さ・耐水性等々、樹種による特性をご理解いただき、あなたのCool Woodな空間作りにお役立て下さい。

前半は国産材を中心に松・杉・桧・栂・ヒバ・スプルースが針葉樹で、それ以外は広葉樹です。まとまった量を揃えたい、床・壁・天井等の造作には針葉樹系のほうが一般に安く揃えやすいでしょう。逆に広葉樹系は家具等に使われることも多く、針葉樹に比べて強度も高いものが多いですが、量を揃えるのが大変なこともあります。

一点至上で使うなら、ウォルナット・栗・欅・タモなども魅力的です。

10. 栂（つが）/
用途は建築材、器具材、梱包材など。辺心材の境界は明瞭で、心材は淡褐色で、辺材は淡色。木質は針葉樹の内では重硬。木理は概ね通直で、木肌は粗い。乾燥は容易　割裂性は大きい。

11. 楢（なら）/
用途は家具材、建築材、造作材、器具材など。辺材は淡い紅色を帯びた白色、心材はくすんだ淡い褐色で、辺心材の境目は明瞭。木理は交錯、肌目も粗いが、柾目面に虎斑といわれる独特な紋様を呈する。伸張・反張しやすい。

12. 楡（にれ）/
用途は家具材、造作材など。辺材は褐灰白色、心材はくすんだ淡い黄褐色～淡い褐色で、辺心材の境目は明瞭。木理はほぼ通直だが、肌目は粗い。やや重硬のため加工性にはやや難がある。

13. 桧（ひのき）/
用途は建築材、造作材、建具材、家具材など。心材は、淡紅色で辺材はほとんど白色で、この白さのため神社建築に用いられる。木理は通直で、肌目は緻密、均質な材料が必要な材料に適している特有の芳香がある。

14. ヒバ/
用途は建築材、船舶材、土木材など。辺心材の区別はやや不明瞭で、辺材は黄白色、心材は淡黄色を呈す。特有の匂いがある。アテが出やすい欠点がある。やや軽軟な材で、加工性は良い。心材の保存性は高く、水湿によく耐える。

15. 橅（ぶな）/
用途は建築材、造作材、家具材、玩具材など。辺心材とも健全な場合白色ないし淡桃色であるが、不齐円形の濃色の偽心材を持っている。やや重硬ながら加工性は比較的良い。

16. アッシュ/
用途は建築材、家具材など。辺材は白色～淡い黄褐色、心材は黄色～淡い赤褐色～橙色で、心材部分が極めて少ない。適度に堅く、耐久力に富む。加工性も良く、釘やネジの保持力や接着性にも優れる。乾燥はしやすく、スチーム曲げにも適している。

17. ウォルナット/
用途は家具材、造作材、楽器材など。辺心材の区分は明瞭。辺材は灰紫色、心材は紫色を帯びた薄褐色～濃褐色。不規則な濃淡の縞を持つ。木質は重硬で狂いが少ない。

18. スプルース/
用途は建築材、造作材など。辺心材区別はあきらかでなく、全体的に白色を帯びている。材は軽軟で、弾力性がある。無味無臭の良材である。

“樹種の特性を知り、適材適所に木材を選定する。” 先人達がそうして来たように私たちも昔からの知恵を生かして、現在の様々な生活空間に魅力ある木材を取り入れてみましょう。

後半はすべて外国産。パイン・米杉・米ヒバ・米松・レッドウッド・アガチスが針葉樹で、それ以外は広葉樹です。

深い飴色になっていくのが魅力のチェリー、明るく重硬なメープル、デッキ材にはイペやジャラ、巨木の一枚板ならアフリカ産のブビンガ、世界的な銘木のマホガニーやチークもほかの木にはない銘木中の銘木たる魅力があります。

さあ！どの木を使ってあなたの Cool Wood な空間を演出されますか？

Various kin

19. チェリー/
用途は家具材、造作材、化粧用単板など。辺材は黄白色～乳白色、心材は淡い紅褐色～濃い紅褐色をしている。軽軟なため加工が容易で、表面の仕上がりもきれい。

20. パイン/
用途は建築材、造作材など。辺材は白色～淡い黄褐色、心材は黄色～淡い赤褐色～橙色で、心材部分が極めて少ない。比較的軟らかい材で加工が容易。

21. 米杉（ベイスギ）/
用途は建築材、家具材、デッキ材など。辺心材の差は明らかで、辺材は白色で狭く、心材は赤褐色。木理は通直で特有の香りがある。木質は軽軟で加工は容易。

22. 米ヒバ（ベイヒバ）/
用途は建築材、建具材、船舶材など。辺材は白から黄白色で狭く、心材は淡い黄色。国産のヒバに似た独自の香気を持つ。木理は通直で加工性や腐朽性にすぐれる。

23. 米松（ベイマツ）/
用途は建築材、建具材など。辺心材の区分は明らかで、辺材は白～淡黄色、心材は橙赤色～赤褐色。強靱だが加工性は比較的よく、狂いも少ない。

24. メープル/
用途は家具材、床材、建築材、造作材など。辺材は淡い灰白色、心材は灰色を帯びた黄褐色。重硬で加工性にやや難があるが、靭性が高く、衝撃にも強いので割れにくい。

25. レッドウッド/
用途は建築材、デッキ材など。辺心材の区分は明瞭で、心材は淡い赤色ないし赤褐色。辺材は白っぽく狭い木質は軽軟で、加工性に優れる。耐朽性も高い。

26. アパ/
用途は建築材、家具材、デッキ材など。辺材は薄茶色から黄色で、心材は赤褐色、木質は堅くて木理は交錯する。加工は困難で木肌は粗い。

27. イペ/
用途はフローリング、デッキ材、船舶材など。心材と辺材の境ははっきりとしている。心材は新鮮な時は黄緑色であるが、時間の経過とともに、やや緑色を帯びた褐色になる。辺材は黄色を帯びた灰色、加工は困難、耐朽性は良い。

※各木材の名称は通名で表記していますので、植物学上の学名とは必ずしも一致しません。
また、地域や産地から由来する商的な命名で呼び方が変わることもあります。

ds of wood

28. ジャラ/
用途はデッキ材、橋梁材、車輌材など。心材の色は淡赤褐色ないし赤褐色、辺材は紫褐色。境界ははっきりしない。加工は困難だが耐朽性は良い。

29. ブビンガ/
用途は家具材、造作材、化粧用単板など。辺心材の差は明瞭で、心材は赤褐色で赤ないし桃褐色の縞が現れる。辺材は淡色。木質は重硬で加工や乾燥は困難。耐朽性は中程度だが、靱性が高い。

30. マホガニー/
用途は家具材、彫刻材、内部装飾材。辺心材の区分は明瞭で、辺材は黄色っぽく、心材は淡紅褐色～淡橙褐色を呈し、金色の光沢がある。加工性や寸法安定性、耐久性など優れている。

31. アガチス/
用途は建具材、建築材など。辺材は淡い灰褐色、心材は淡い黄褐色～淡い褐色と色幅がある、木理は通直で、肌目は緻密である。耐久性は低いが加工性はよい。アテが強い木なので反りや割れを生じやすい。

32. ウリン/
用途はデッキ材、船舶材など。心材は濃い暗褐色で辺材は黄褐色を呈す。色のバラツキが少ない。重硬だが加工はしやすい。材質が安定していて、割れ、反り、曲がり等の狂いが少ない。

33. コクタン/
用途は家具材、装飾材など。辺材は淡い赤色、心材は濃い黒色～桃色の地に赤褐色の縞をもち、その色調により縞黒檀・青黒檀・斑入黒檀に大別される。非常に重く硬い材で、加工は困難を極める。

34. チーク/
用途は家具材、建築材、造作材など。辺材は黄白色、心材は金褐色～濃褐色で、しばしば濃色の縞模様をもつ。木理は通直で重硬、加工は容易で仕上がりも良好。耐朽性は極めて大きく、白蟻にも強い。

35. ラワン/
用途は合板材、建築材、造作材など。心材は桃色を帯びた淡褐色ないし淡黄色、桃褐色を呈す。木目は不明瞭。加工は容易だが、乾燥時に狂いが出やすい。

36. アカシア/
用途は床材、エクステリア材など。辺材は淡い灰褐色、心材は淡い黄褐色～淡い褐色と色幅がある。木理はやや通直、肌目もやや緻密で独特な光沢を有しているのが特徴。加工性はよいが、陽疾（あて）の多いものは乾燥時に反りや割れを生じやすい。耐朽性は中。

ズバリ！チャート診断

あなたにピッタリの木質化は？

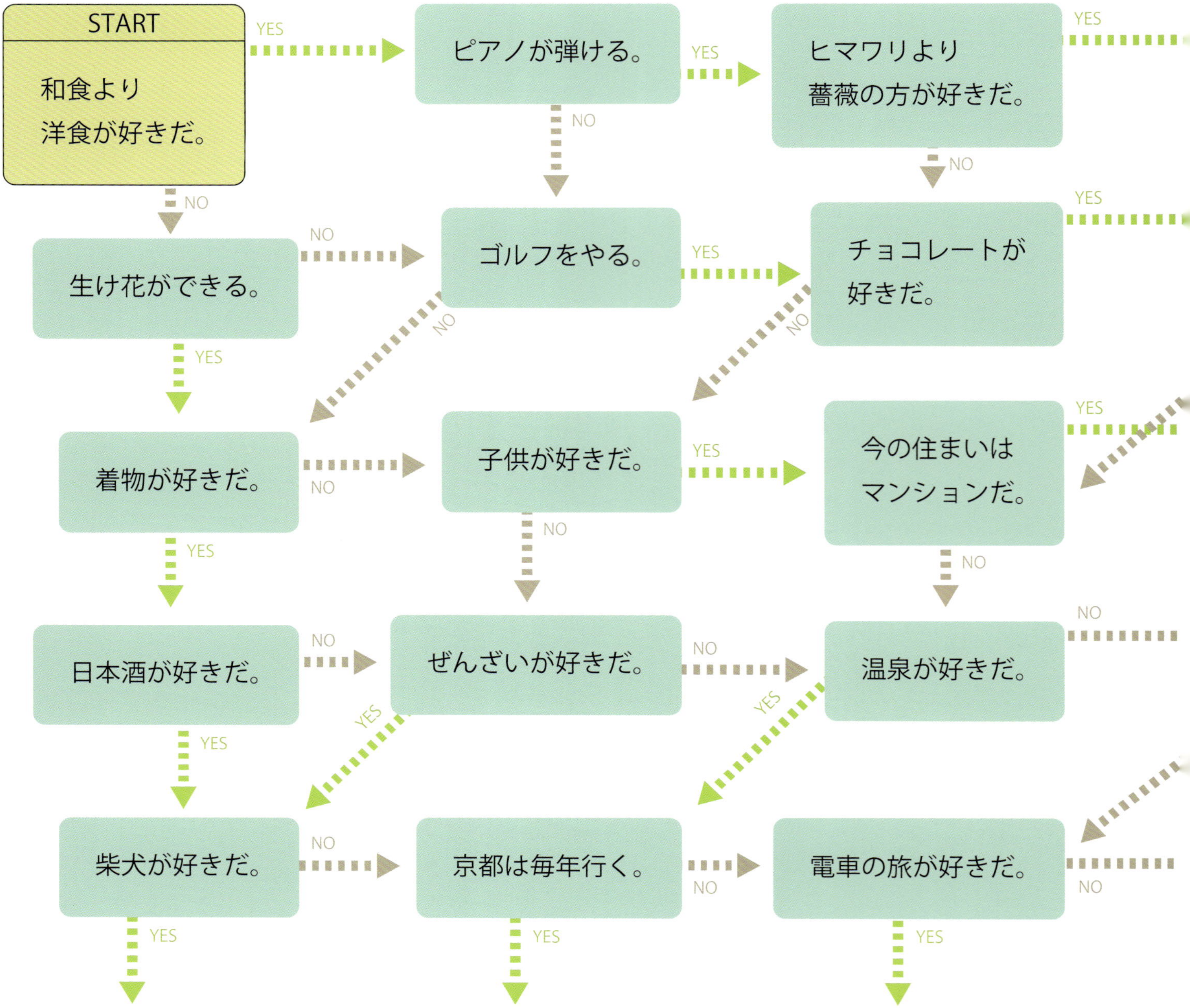

大和撫子を地で行くあなたにピッタリなのは…

杉 SUGI

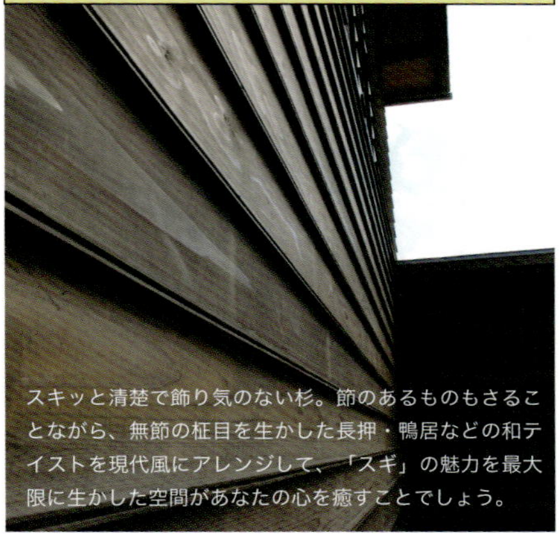

スキッと清楚で飾り気のない杉。節のあるものもさることながら、無節の柾目を生かした長押・鴨居などの和テイストを現代風にアレンジして、「スギ」の魅力を最大限に生かした空間があなたの心を癒すことでしょう。

流行もそれなりにかじるけど、やっぱり日本的なあなたにピッタリなのは…

桧 HINOKI

香りの良さではピカイチの檜。住まいの構造材（柱など）だけでなく檜の床、檜のキッチン、檜のお風呂etc…すべてヒノキ造りで、まさに気分はお嬢様！

バランスは取れているけれど、人とは違ったものを好むあなたにピッタリなのは…

栗 KURI

広葉樹の中でも和の雰囲気のある栗。栗で内装を仕上げて、名栗の加工を施すのもよし…家具等にも幅広く使える、優秀な木材がクリ材です。

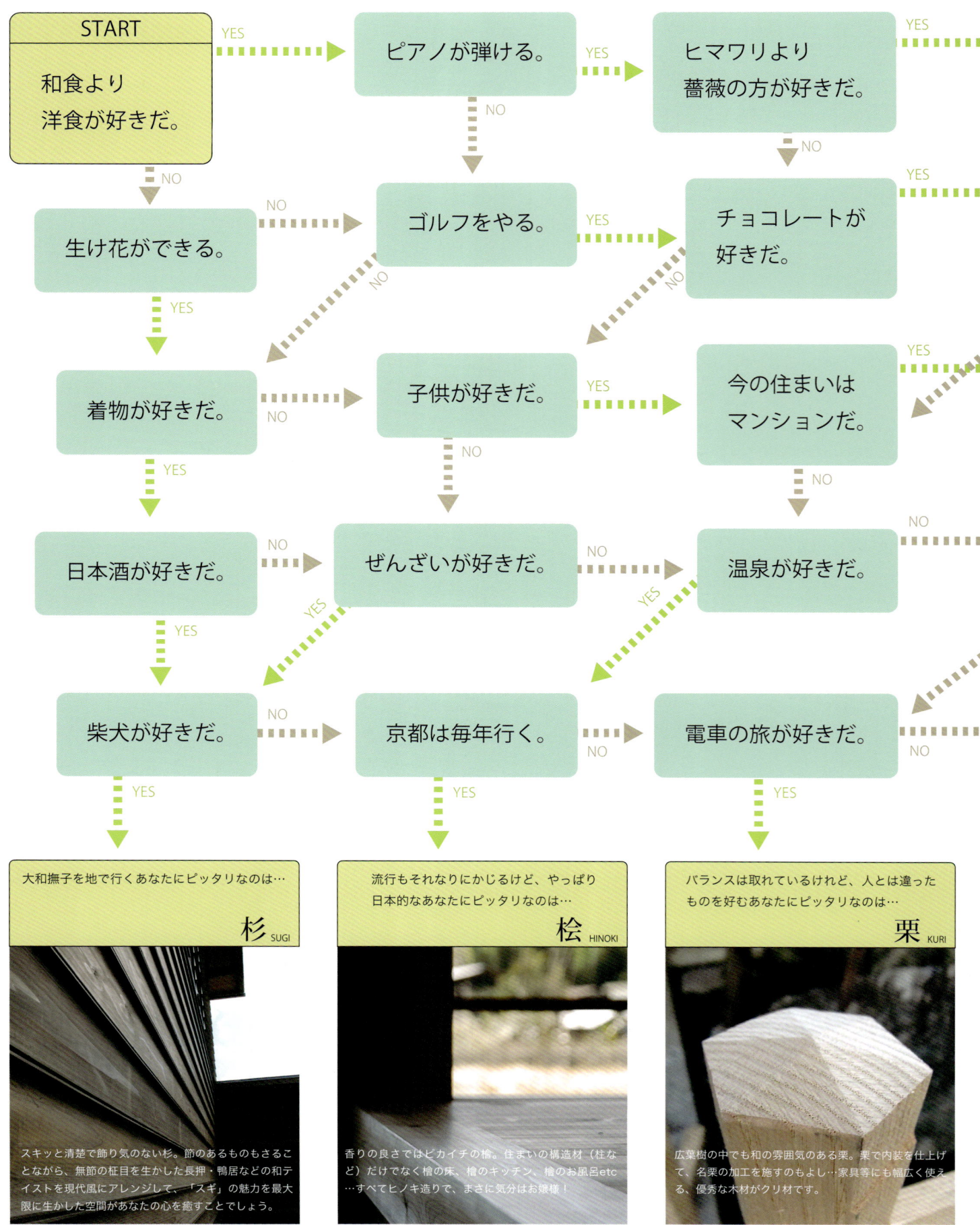

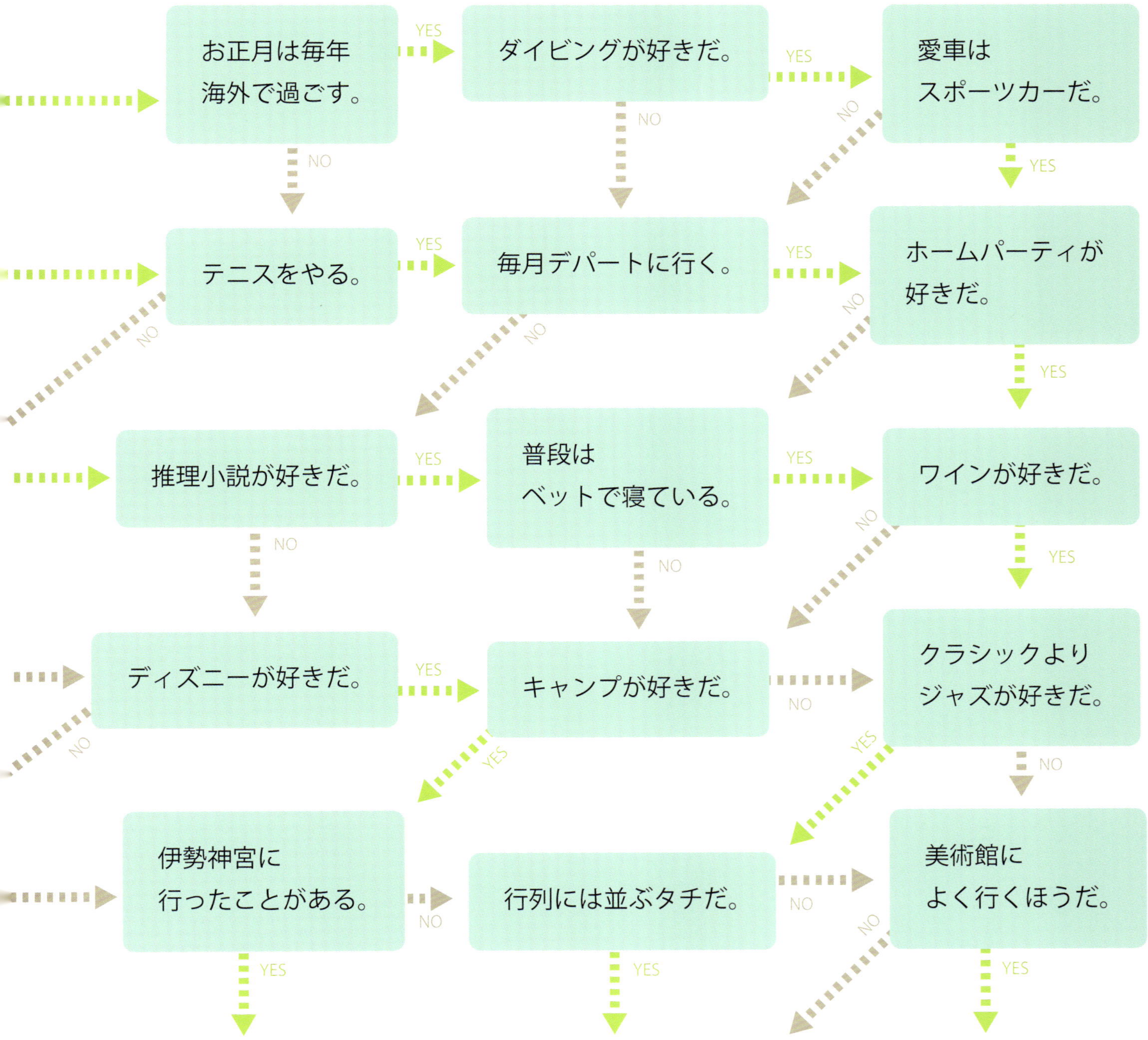

どちらかというと洋風好みの傾向がある
あなたは…

オーク OAK

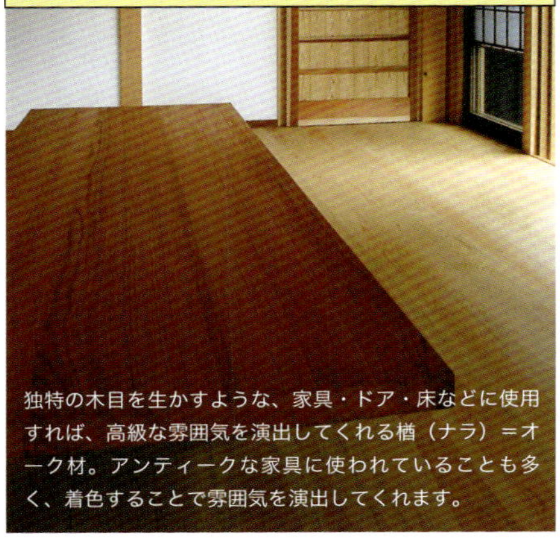

独特の木目を生かすような、家具・ドア・床などに使用すれば、高級な雰囲気を演出してくれる楢（ナラ）＝オーク材。アンティークな家具に使われていることも多く、着色することで雰囲気を演出してくれます。

行動的でおしゃれなあなたにピッタリなのは…

ブラックウォルナット BLACK WALNUT

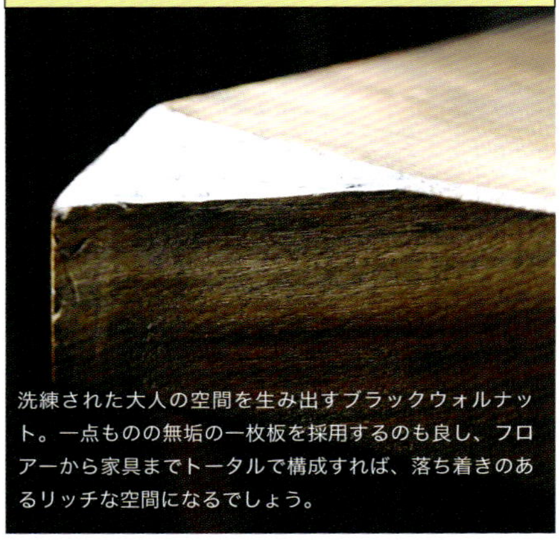

洗練された大人の空間を生み出すブラックウォルナット。一点ものの無垢の一枚板を採用するのも良し、フローアーから家具までトータルで構成すれば、落ち着きのあるリッチな空間になるでしょう。

いつもハイクラスなものを求めている
あなたにピッタリなのは…

チーク TEAK

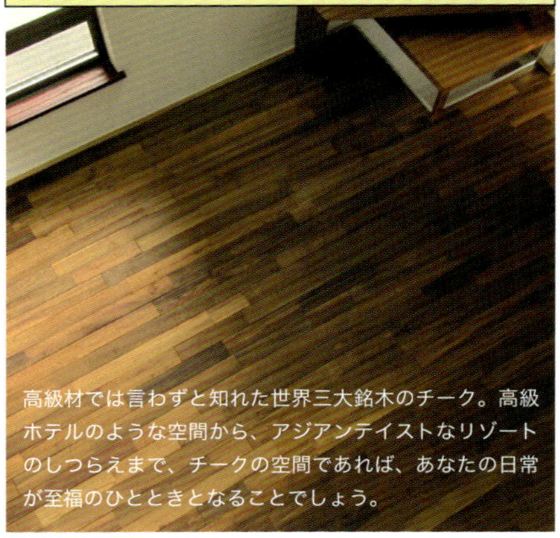

高級材では言わずと知れた世界三大銘木のチーク。高級ホテルのような空間から、アジアンテイストなリゾートのしつらえまで、チークの空間であれば、あなたの日常が至福のひとときとなることでしょう。

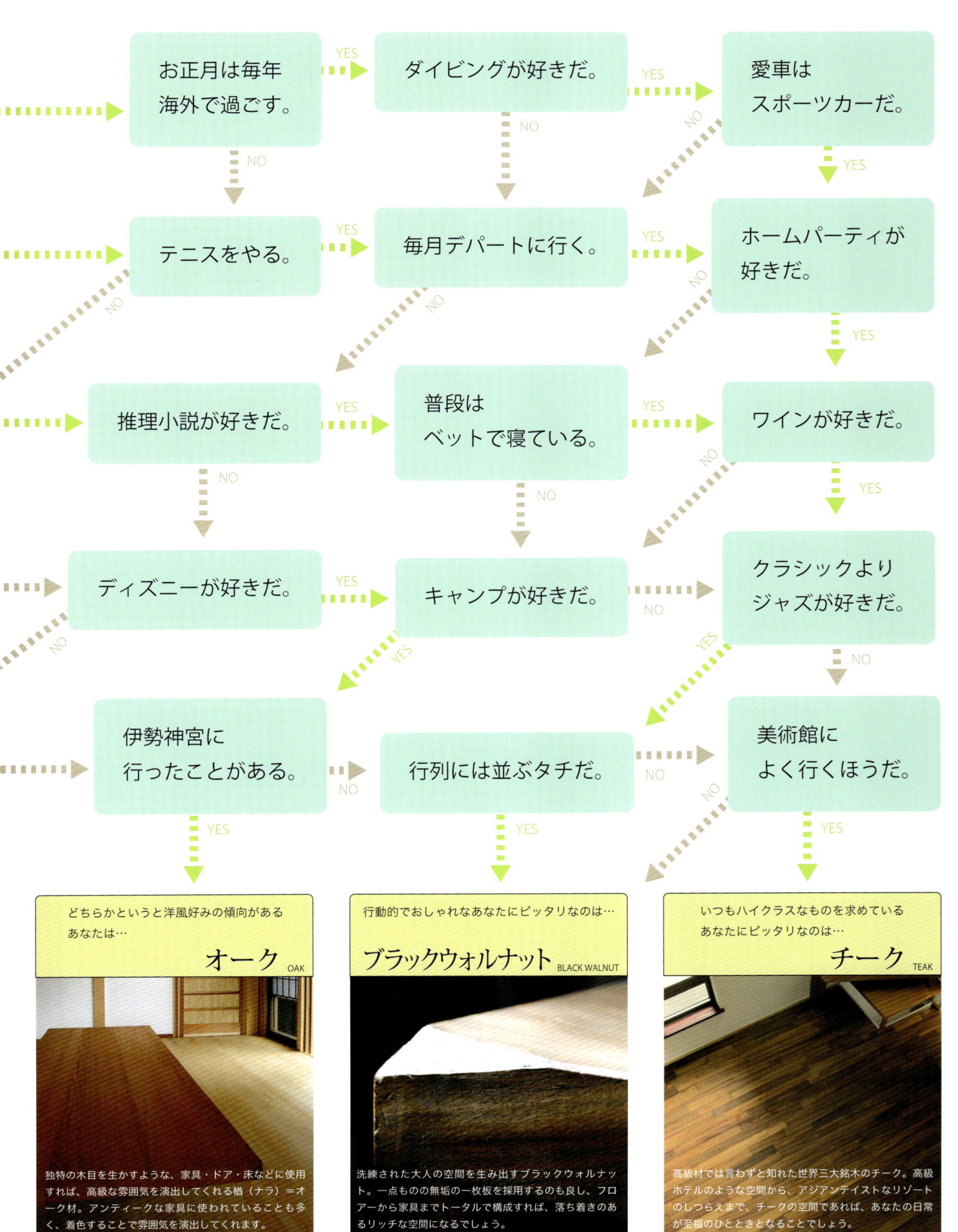

エントランスの様子。
木質トンネルはひろばへの通り道。

赤ちゃん木育ひろば

No: 01/ Location: Shinjyuku-ku, Tokyo/ Completion: 2011

【木育】市民や児童の木材に対する親しみや木の文化への理解を深めるため、
材料としての木材の良さやその利用の意義を学ぶ教育活動。

木に親しむ子育てを

認定NPO法人日本グッド・トイ委員会が運営する「東京おもちゃ美術館」は、100年もの歴史を持ちつつも廃校となった新宿区立 四谷第四小学校を改装して開設された美術館であり、この「赤ちゃん木育ひろば」はその旧・理科室を子育てサロンへとリニューアルしたもので、親子が一緒に遊び、国産材に親しむことを目的とした木育推進型サロンである。

室内には、子どもたちの豊かな想像力が膨らむよう抽象的な作品を多く配置し、枯山水をモチーフに

「スギコダマ」トンネルを一緒に遊ぶ親子の様子。

「スギコダマ」すべり台。

「水辺」(白い床の部分)でボランティアがつくった小さな「スギコダマ」を全身で体感する子どもたち。

した「木庭」などの創造の世界が広がる空間で、機能的な部分には、乳児が木に親しめる最良の材として「杉」をふんだんに使用したとのことである。手足や目にふれることで木の持つあたたかみを実感できるようにしている。

空間のアイコンとして、造形作家の有馬晋平氏によるオブジェ「スギコダマ」(杉の削り出し・磨き上げ)を配置し、木の持つ有機的なおもしろさを強調している。床の堀り込み部分「水辺」におかれた小さなスギコダマは、ワークショップにて美術館・社会人・学生計200名のボランティアによる製作で、合計300個を完成させ、配置している。

「木育のひろば」として、またファーストウッドの機会としても、すばらしい提案といえる。

造詣作家・有馬晋平氏の杉のオブジェ「スギコダマ」をメインに、『木庭』をイメージ。子どもたちの豊かな想像力をかきたてる。フローリングは30mmの杉。

この木質化のデータ

主な使用材種：

●内装材

フローリング・ピーリング／杉・本実加工 150× t =30mm

建具／アガチス t =40mm

天板（ひろば壁面・窓下）／杉 t =40mm

●家具・什器

ステージ・ベンチ（ひろば）／杉 t =40mm

靴箱・収納／シナランバーコア合板

収納内 BOX ／杉・巾ハギ t =15mm

オブジェ「スギコダマ」各種／杉

施工面積：124.5 ㎡

物件所在地：東京都新宿区四谷 4-20 四谷ひろば内「東京おもちゃ美術館」

設計者：㈱内田洋行テクニカルデザインセンター

施工製作者：エー・クラフト

竣工年：平成 23 年

PHOTOS: ㈲シーン 大野勲男

建物の外観（DAY VIEW）。自然に囲まれている。

建物の外観（NIGHT VIEW）。

ひっそりと暮らせる住まい

No: 02/ Location: Matsumoto-shi, Nagano/ Completion: 2010

住み手にとって最適な空間

「夫婦２人で、ひっそりと暮らせる住まい。」そのコンセプトに基づいた木造住宅の事例である。

１階の木造の平屋は４ｍ×４ｍの中庭（ウッドデッキ）を囲んで、天井の高さや形状・部屋の幅を変えることで、連続する部屋の一つ一つが違った雰囲気を持つように設計されている。この中庭を入れることで、各空間の外部までの距離が短くなり、大きすぎないボリュームの屋根が高さとかたちを変えながら中庭への周囲の視線を遮ることに成功している。

また構造体の軸組みと建具との距離感を近づける試みとして柱・梁と同じ材料で木製サッシを組み、構造の一部を負担するように計画し、建て方の時点でサッシ周りを同時に組むことによって、現場での造作仕事を減らし、コストと納期、材料の消費を軽減している。

軸組みの構造材・木製サッシや、造作家具まで地元産のヒノキ材を利用し、地産地消を推進した事例でもある。

内装家具に関しては、「リビングにダイニングテーブルとリビング収納、デイベッドのようなソファを組み合わせた家具を仕立て、リビングセットとダイニングセットの平面的ボリュームを工夫し、窮屈さを感じない空間を提案した」とのことである。

また上記効果も伴い、建物全体を大きくする必要性が発生せず、人にとって最適な空間を生み出すことができた「住まい」といえる。

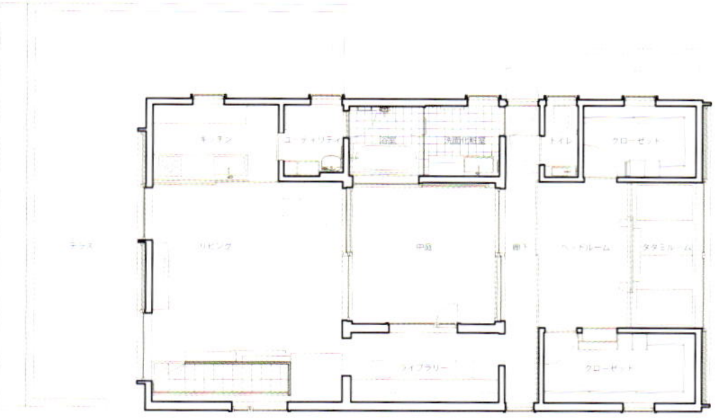

1階平面図

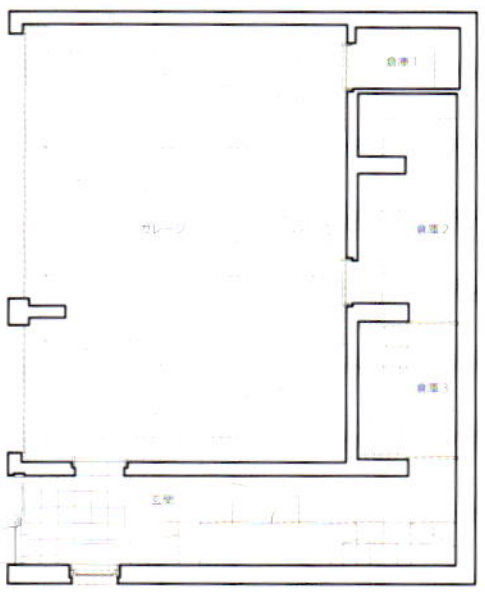

地下1階平面図

■中庭を囲う各スペース と 平面図。

それぞれ上段左は「中庭とベットルーム」、上段右は「ベットルームからの中庭」、中段以降は「ライブラリー」、「バスルーム」。最下段は「ベットルーム裏側にあるタタミルームと裏庭」前頁上の写真は「リビング」。

この木質化のデータ

主な使用材種：

●構造材

（土台）信州産桧材、105×105mm

（柱）信州産桧材、105×105mm

（梁）信州産桧材、105×105mm、105×150mm、105×180mm、105×210mm、105×360mm、90×90mm

●外装材

（外壁）信州産杉材、t =15mm、VATON（グレー）塗装仕上

（外部建具）信州産桧材、VATON（クリア）塗装仕上

（中庭デッキ）信州産唐松、t=20mm、VATON（クリア）塗装仕上

（木柵）信州産唐松材、60×60、VATON（クリア）塗装仕上

●内装材

（床面）国産竹材フローリング、t =15mm。（ロフト以外）

（ロフト部床面）国産桐材フローリング、t =15mm

（建具部材）信州産桧材

（カウンター天板）信州産桧材

（ライブラリー本棚）信州産桧材

●内装家具

（各木質家具）信州産桧材

物件所在地：長野県松本市

設計者：合同会社 冨川浩史建築設計事務所

施工製作者：㈲下平工務店・㈱岡谷組

竣工年：平成22年

PHOTOS: SHIMIZU KEN

階段で魅せる

No. 03/ Location: Iga-shi, Mie/ Completion: 2012

キャンティレバー（片持ち梁）の階段は米松、ブックシェルフにはお気に入りの蔵書を…。連続した幾何形体がモダンな空間を演出する。

この木質化のデータ

【ブックシェルフ＋キャンチ階段】
主な使用材種：桧・米松
材料費：￥500,000
施工費：￥300,000
物件所在地：三重県伊賀市
納材者：紀平木材㈲
設計者：ＳＳＤ建築士事務所 瀬古智史
施工者：海野建築
竣工年：平成 24 年

デザインで木材がＣＯＯＬに！

旅行好きで海外のインテリアも沢山見て回られたご夫婦、建築雑誌での研究にも余念がないという。

そのご夫婦に提案した木造住宅は、地元の材を使い、太い通し柱を用いて宮大工が施工し、そして地元の左官職人が漆喰を施すという地産池消モダン住宅である。

地産池消というと、一見ミスマッチで「田舎らしい住宅しかできないのでは？」と感じるかと思われるが、この住宅はそれだからこそ出来た住宅といえる。

それは、近くにある城の天守閣も、よく

リビング吹き抜けの内観/ 細いアイアンの存在が軽い緊張感を与えてくれる。

見かける蔵も漆喰塗りであり、地元の産業・景観とマッチングしているからであると考えられる。

　この住宅の内部のほとんどの壁と一階の天井は漆喰で塗り仕上げられた。近くに住む初老をとうに過ぎた左官職人たちが、慣れた鏝さばきで毎日丁寧に仕上げたという。

　この漆喰に対比するように木材が存在している。桧の厚板フローリング。杉の天井ピーリング。赤杉のリビング建具などなど。漆喰の大壁で内部木材の見え掛りの部分がコントロールされており、木の「表し」の調整によりメリハリがでている。

　これは階段（本棚）と漆喰のオフホワイトの関係からも顕著である。

　木材を活かすには、デザインにより調整を図ることも、大切なファクターと言えるのではないだろうか。

建物正面左からの外観/ 軒の出と垂木・張り出し梁のラインのリズム、外壁の味わい。

ハーフバスユニット＋桧の組み合わせで２階浴室部の木質化。カビ、灰色化を防ぐために表裏両面にオスモ塗装（有害成分を含まない内装用のもの）。また大きな開口を設けるなど設計の段階から換気に留意している。

気持ちいい浴室
広がるベランダ

No: 04/ Location: Shiso-shi, Hyogo/ Completion: 2011

リゾートのような空間でリラックス

仕事に家事に子育てと、一日中慌ただしい生活になりがちな共働きのご夫婦。

そのご夫婦への空間として、ほんのわずかなリラックスタイムを贅沢に楽しめるように「木に包まれた安心感」と「景色の開放感」が同居し、雑事を忘れ小旅行に出かけたような浴室を提案したという。

壁や天井の桧板に加え額縁やサッシや庇にも木製品を使い、統一感のあるディテールの積み上げによるリゾート的な上質感を醸成している。またハーフバスユニット、桧板のカビや灰色化を防ぐための表裏両面オスモ塗装（有害成分を含まない内装用の自然塗料）など、お忙しいご夫婦が手をわずらわせることなく快適な空間を維持できるように工夫したという。

COLUMN：目からウロコの木材知識①

日本は世界２位の森林大国

日本は、国土面積が約 3800 万 ha で、森林面積が 2500 万 ha ですので、森林率（国土面積に対する森林の割合）は約 67%……国土の約 3 分の 2 が森林なのです。日本はフィンランドについで、世界第 2 位の森林大国です。世界では、開発や火災による森林減少が環境問題になっていますが、日本の森林面積は最近 40 年間ほとんど変化していません。むしろ、戦後植林した樹木は毎年成長を続けています。今、私たちは、日本の木を使うことを考えなければならない時代をむかえています。

リビングの大きな開口からつながる「第二のリビング」とも言える大きなベランダは、周りの視線や喧騒から切り離された空間であり、敷き詰められたウッドデッキでは、ひなたぼっこやバーベーキュー、プランター菜園など、大空や風景を存分に感じることができる、家族だけののびやかな空間である。

ウッドデッキに加えベランダ腰壁や戸袋にも同色に塗装した木材を用い、落ち着きと広さを感じる統一感を持たせたとのこと。ウッドデッキ材には雨腐れに強い杉の芯持ち材（赤身80%以上）にオスモウッドステインプロテクターを塗装し、末永く美しく楽しめるように留意したという配慮のいきとどいた物件である。

雨腐れに強い杉の芯持ち材（赤身80%以上）のみを使用したウッドデッキ材にオスモウッドステインプロテクターを塗装。ベランダ腰壁や戸袋にも同色に塗装した木材を用い、統一感を持たせている。

この木質化のデータ

【浴室】
主な使用材種：桧（兵庫県宍粟市産）
施工面積：9.8㎡
材料費：￥120,000
施工費：￥160,000
物件所在地：兵庫県宍粟市
納材者：協同組合しそうの森の木
設計者：㈱山弘
施工者：㈱山弘
竣工年：平成23年

【ベランダ】
主な使用材種：桧（兵庫県宍粟市産）
施工面積：13.8㎡
材料費：￥135,000
施工費：￥180,000
物件所在地：兵庫県宍粟市
納材者：協同組合しそうの森の木
設計者：㈱山弘
施工者：㈱山弘
竣工年：平成23年

自然のカタチを活かす

No: 05/ Location: Nagahama-shi,Shiga/ Completion: 2010

上　リビング/シンボルツリーが自然へのリスペクトを感じ、家族の成長を育む。

左下　ロフト/子供の夢であったロフトへの階段は、ロビンソンクルーソーの夢の世界へ…

下 外観/耐候性の優れた滋賀県産焼杉板を使用した外観は、落ち着いた町並みをより引き立てる。

この木質化のデータ

主な使用材種：

●構造材
（土台）三重県産桧材　120×120mm
（柱）三重県産桧材　　120×120mm
（梁）カナダ産ダグラスファー 120×120mm〜360mm

●外装材
（外壁）滋賀県産杉、t=12　焼き板＋塗装仕上げ
（格子）カナダ産ピーラー　キシラデコール塗装仕上げ
（デッキ）インドネシア産メルバウ　無塗装

●内装材
（壁面・天井面）岐阜県産杉羽目板、t=12
（床面）三重県産杉圧密ﾌﾛｰﾘﾝｸﾞ　t=15　オスモ仕上げ
（ｶｳﾝﾀｰ材）三重県産杉板、t=75
（収納・押入壁面）岐阜県産杉羽目板　t=12
（ﾜｰｸﾃﾞｽｸ）三重県・滋賀県産杉 t =60 t= 20
（建具枠）カナダ産ピーラー
（建具）三重県産杉・カナダ産ピーラー

施工面積：178.5㎡
物件所在地：滋賀県長浜市
納材者：田邉工業㈱
設計者：田邉工業一級建築士設計事務所
施工者：田邉工業㈱
竣工年：平成22年

左　ワークデスク/ユーティリティースペースには自然木で出来たワークデスクが。

下 子供室/子供室には、枝をまたいで木登り!上りきるとロフトに辿り着く。

家族をやさしく包み込む家

山や川に出かけると落ち着くのはなぜだろうか。人工的な整えられたカタチではなく、自然にできたやさしいカタチに包まれるからではないだろうか。

直線や平面の中に自然のカタチを活かす。「やさしさとあたたかさ」という表情のある空間が生まれ、家族をそっと包み込む。

その空間で、話す。遊ぶ。食べる。そして、集う…。家族で毎日を楽しく、木の香りとおいしい空気をからだいっぱいに感じて心をやすらかに過ごす。まるで森林浴をしているような空間…。

その提案をコンプリートした素晴らしい空間である。

対面カウンターの自然木（杉）一枚板をＬＤＫの真ん中にそびえるシンボルツリーが、素敵な時間を演出する。

木を生かす和風モダン

No: 06/ Location: Nishi-ku, Osaka/ Completion: 2006

２階ホールの内観。木製サッシや椅子のフレームが秀逸である。

写真上/ 1Ｆエントランスの外観。キンメイツゲや龍ノ髭の植栽や格子、流水をモチーフにした格子戸（片引戸）が和風モダンを演出している。

写真下/ 2Ｆホール。間接照明を含む全体的な木質ラインが映える。

鉄骨ALC造りモダンな木質店舗へ。

　お蕎麦屋ということで、実に明快な素晴らしい木質化である。既存建築物としては鉄骨ALC工法の３階建で、その１・２階を和風モダン木質化リノベーションした店舗である。

　内外観ともミニマムでいて、ジャポネスクを感じる。また外装の格子や建具、内装に施した間接照明などのラインや家具の配置が全体的にシャープなイメージを持たせることに成功している。

この木質化のデータ

主な使用材種：

●ファサード：柱・鴨居・敷居・格子・廻縁・建具／栂
土台／桧　化粧柱／地松（古材）

●1・2階内部間仕切壁面：構造用合板　赤松

●２階床面：床下地／構造用合板　ホワイトウッド
フローリング／唐松

●階段部：踏板／EW8　蹴込板／木毛コンクリート板
手摺／栗六角名栗加工

●レジカウンター：天板／タモ無垢材

●什器・テーブル：天板／タモ無垢材

施工面積：72.2 ㎡

材料費：約￥1,200,000（椅子含まず）

施工費：約￥800,000（椅子含まず）

物件所在地：大阪市西区

納材者：㈱瓦野

設計者：瓦野 光貴

施工者：㈱瓦野

竣工年：平成18年

和洋折衷的な外観。不思議な演出が面白い。

既存や新設した木の構造を露出したこと、床面のエイジング加工が程良い欧州の古民家的空間を演出している。

木のアンティーク感

No: 07/ Location: Kita-ku, Osaka/ Completion: 2008

程良い木材のエイジング加工による空間。

　昭和35年の木造集合住宅のリノベーションした店舗（美容室）である。

　既存の梁柱を再利用しつつ筋違や新設梁などの補強により、吹き抜け（前面側）を施し、可能なかぎり大空間を施した欧州の古民家的空間である。

　新設の構造材や化粧材にもエイジング加工を施し、装飾は施主が海外からハントしたアンティーク照明や家具・絵画を用いたことにより、まるでうん十年の経年変化をしたような趣がある。

　初期工事以降も、施主がその時々の気分で、装飾や内装をDIY的に意匠変えしているようである。

　このようなDIYが可能なことも木質化店舗の良い一例と言える。

露出した梁が吹き抜け独特の広がりを強調している。
また施主が海外からハントしたアンティーク照明達は、木の空間と相性が良い。

CUTスペースの様子。梁柱・羽目板（ピーリング）のラインが美しく。
木造＝木質化空間の代表的手法と言える。

この木質化のデータ

主な使用材種：
構造・羽柄材 / 桧・杉・松・構造用合板
化粧材 / 杉
フローリング / 赤松　建具 / 赤松羽目板
カウンター棚板 / イエローパイン材
施工面積：約 121 ㎡（延べ床面積）
材料費：約￥1,350,000
施工費：約￥1,240,000
物件所在地：大阪市北区
納材者：㈱瓦野
設計者：瓦野 光貴
施工者：㈱瓦野
竣工年：平成20年

1階ダイニングから1.5階リビング。そして吹き抜けを空間を利用した約6mの本棚の画像である。本棚は針葉樹合板厚さ24mmを組んだものである。本棚に横断したアルミ足場板は、本棚の前だけでなく、大きな吹き抜け空間を囲うように床材として採用している。

木と触れ合う暮らし

No: 08/ Location: Mie-gun, Mie/ Completion: 2008

この木質化のデータ

主な使用材種：杉足場板・針葉樹合板
施工面積：416㎡
材料費：¥1,140,000
施工費：¥980,000
物件所在地：三重県三重郡
設計者：アトリエオーブ 西本哲也
施工者：木家研究所㈱
竣工年：平成20年

外部と緩やかに繋がるタテ格子に囲われた大きなウッドデッキスペースです。内部の1.5階と繋がるように階段で高さを合わせています。1.5階のウッドデッキからは鈴鹿山麓を眺望できる大きな開口のある壁を設けております。杉材の木質感により自然と調和した心地よい空間です。

内と外をつなぐウッドデッキ。

外部との関わりを意識的に求めた大きな空洞が象徴的な住宅である。

外部の化粧をした重厚なカベと空洞、やわらかな板場張りの袖壁、内部と外部をほどよくつなぐタテの木格子。それらに囲われた大きなウッドデッキの曖昧空間。

曖昧な空間（ウッドデッキ）は外部であっても外界（ご近所社会）からプライバシーをほぼ完全に守られながらも決して外界との関係性を拒んでいるものではない。カベに穴（空洞）が空いていることで無意識に穴から見える景色を求めたくなる。

穴から見える景色は、鈴鹿山麓の季節の移ろいであったり、近隣住民の子供の遊ぶ姿であったりとフレーミングされた景色の中に現実の世界と幻想の世界がそのときどきの住まい手の気分によって変化するものであると期待している。

内部の1.5階からからダイニングと玄関ホール、その先には片引きの木製建具があります。建具の枠が見えないように、外壁の外側に据付ております。内部の仕上げ材料は、壁・天井、すべて針葉樹合板を採用しております。床は杉の足場板を採用しております。

古民家をBARに

No: 09/ Location: Hirano-ku, Osaka/ Completion: 2007

吉野杉の１枚カウンター天板（仕上寸法60×700・4.8m）、カウンター越しの中庭もいきとどいた演出である。

この木質化のデータ

主な使用材種：
構造・羽柄材 / 桧・杉・松 (丸太)・構造用合板
トタン屋根下地 / コンパネなど　化粧材 / 杉
フローリング / 杉　建具 / 杉
カウンター天板 / 吉野杉
外装材 / 杉焼板　出格子 / 内地栂
施工面積 : 約 80 ㎡
材料費 : 約￥2,300,000
施工費 : ￥3,600,000
物件所在地 : 大阪市平野区
納材者 : ㈱瓦野
設計者 : 瓦野 光貴
施工者 : ㈱瓦野
竣工年 : 平成 19 年

築200年以上の古民家の再生。

戦国時代に自衛・自治都市（環濠集落）であった大阪市平野区、征夷大将軍の坂上田村麻呂の　次男で平野の開発領主となった坂上廣野麿の「ひろの」から「ひらの」が由来しているという説もある。また近世では平野郷と呼ばれ、古い民家が点在している。

この物件は、大阪市と地域が協力して、平野区内において特に豊かな歴史的・文化的環境を現在に伝える建物などの新築や改修などを対象とした「まちなみ保存」事業の一つである。

改修内容としては、古民家（平屋建て町屋）を店舗（BAR）としてリノベーションであり、外装としては既存壁面モルタル増築部分を撤去し、木製出格子とした。

既存出格子部分は内地栂にて新調し、漆喰部分の塗り替えたようである。

また即在屋根トタン部はトタンを新調、瓦部分は本瓦葺きで葺き替え、大雁振や雁振

ホールの内観。玄関花器台の化粧柱は地松の古材を使用し、各テーブルの間仕切りには格子のパーティションを施している。また内障子も美しい。

COLUMN：目からウロコの木材知識②

木造住宅の木材費は10～20%程度！

木造住宅は「高い」というイメージを持たれている方が多いようですが、住宅の建築費全体に占める木材費の割合は約 10 ～ 20%にすぎません。例えば、10.5cm 角のスギ管柱並材は、1 本あたり 2,000 ～ 3,000 円程度ですので、木材は決して高い材料ではないのです。きちんと乾燥されて管理された木材を選択し、少々割高になったとしても、建築総工費に占める割合はホンのわずかです。

は一部を除いて淡路にて新調したとのこと。

樋は銅板製で、露出の配管は麻紐を巻き付け風合いをそろえている。

内装には既存柱・梁や古材（新調）を使用している。新設する木材はエイジング加工によって古民家的な演出を施している。一方、BARという用途から大空間を感じられる工夫をしている。

建物・空間の全体的なコンセプトは、モダン＆古民家であり、BARという用途としては驚くほどマッチングしており、古民家の再生＆木質化事例としては秀作といえる。

前記のカウンター。芯持材のため節穴を座彫りし、瓢箪・ぐい飲み形状の寄木にて埋木処理や、裏面にはアリザンを施している。

森からの贈り物

No. 10/ Product design

1. メモホルダー / 紙の押さえ部分に一つ一つ違った風合いも小枝をあしらい、家庭やオフィスどちらでも使っていただくことができる。そのまま持ち上げて使う事もでき、またバインダー代わりに使っていただくこともできる。

2. 木のふぁいる / 湖東地域の杉間伐材を使用している。単板の間に厚紙を挟んでいますので割れる心配がなく、廃棄する際には古紙としてリサイクルが可能である。自分の地域の木を使って作ることもでき、また小ロットでの受注生産が可能である。

3. カードスタンド / 間伐材の桧を使用しているで、紙やすりなどで少し削ると桧のいい香りが出る。溝部分はカードを差し込んだ時に見やすいよう斜めに切込みをいれているので、写真や卓上カレンダーを飾っていただくことができる。

4. 名刺入れ / 一般的な名刺なら 14 枚程度入り、また最後の一枚になって逆さにしても名刺が落ちない。しばらく使用していると風合いが変化していき、独特の木目や模様、木の良さを実感していただくことができる。レーザー加工によるオリジナルデザインでの製作も可能である（要別途料金）。

1

2

びわ湖の森を元気にするプロジェクト

日本でいちばん大きな湖に　日本でいちばん豊かな森をつくる

森林とともに豊かに暮らしていける未来をめざし、人の営みと森林が結びつくカタチをていねいに育てるプロジェクト、それがkikito（キキト）である。びわ湖の東、滋賀県湖東地域を中心に、びわ湖の森にたずさわる企業や行政などさまざまな人々が集まってびわ湖の森を元気にする仕組みづくりをはじめている。

いのちの森を未来にのこす日本でいちばん大きな湖、びわ湖。淀川水系1400万人の水源であるそのびわ湖は、滋賀県の約50%を占める森林、「びわ湖の森」に支えられている。びわ湖の森を元気にすることは、森林だけでなくびわ湖の育む<水、人、動植物>などの多様ないのちを元気にし、それが豊かな未来をつくることへと繋がる。

地域木材の市場としての役割

未来の私たちが森の恵みを享受するためには、森林所有者の善意による施業に頼らない、持続可能で自立した新たなビジネスモデルの確立が急務である。

kikitoは、地域全体を１つの森林工場と捉え、kikito自体が市場機能の一部を担い、地域材を地域で製材・加工することで、輸送や市場コストを削減し、そのストックリスクを分散させることをめざしている。また、森林所有者（林家）に対して木材市況に囚われずに持続可能な施業を行える原木価格の仕組みづくりを行っている。

そんな中生まれたのが、このkikito商品であり、この商品を通して皆様にびわ湖の森を元気にしていただければ幸いである。

3

4

この木質化のデータ

主な使用材種：杉・桧・樅
販売者：湖東地域循環システム協議会 (kikito)

木材がもつ癒し効果の活用

No: 11/ Location: Okayama-shi, Okayama/ Completion: 2010

待合に「やさしさ」を

人工透析の病院に計画された調剤薬局である。透析治療の患者さんは、週に3回、毎回約5時間もの治療時間の拘束を受けるという。この大変な重労働を和らげる一助になればと、木質の癒し空間の提案になった。

待合室の天井と上部の壁に杉の野縁(36×36の角材)を使用し、杉材のもつ「やわらかい」質感と緩やかな天井部の曲面、ハイサイドライトからの光が、待合に「やさしさ」をもたらしたといえる。

単なる薬局ではなく、生い茂った雑木林の中に入って行くイメージをデザインコンセプトとしたようである。

この木質化のデータ

主な使用材種：
- ●「待合」内装材（壁・天井）/ 杉野縁材 36×3mm）
- ●「待合」内装材（巾木）/ ピーラ h=60mm
- ●「待合」内装材（柱）/ 楢集成材 φ105mm
- ●「待合」内蔵材（枠）/ ホワイトアッシュ t=25mm

物件所在地：岡山県岡山市
「大手町薬局岡山店メディカルラピス」
設計者：一級建築士事務所岸本泰三建築設計室
施工製作者：中国建設工業㈱
竣工年：平成 22 年

写真左/外観は「みどり」を主題とした建築表現。遠景では、ファサードの植栽が建物を透して、背景の山の樹木が見えているようである。
写真右 / 近景では、無機的な波トタンが植栽の存在を、赤く塗装した外壁の杉板と格子が植栽の色彩を際立たせている。

シャープな心地よさ

No: 12/ Location: Tyuo-ku, Osaka/ Completion: 2011

この木質化のデータ

主な使用材種
●写真左(間仕切りルーバー)
吉野杉(奈良県)・宍粟杉（兵庫県）
●写真右(ファサード部パネル)
吉野杉(奈良県)・宍粟杉（兵庫県）
杉（京都府・和歌山・徳島）
嶺北杉（高知県）・智頭杉（鳥取県）
●次頁(什器)
宍粟杉（兵庫県）
物件所在地：大阪市中央区
納材者：㈱瓦野
設計者：パワープレイス㈱　小出 暢
施工者：㈱ウチダテクノ
竣工年：平成23年

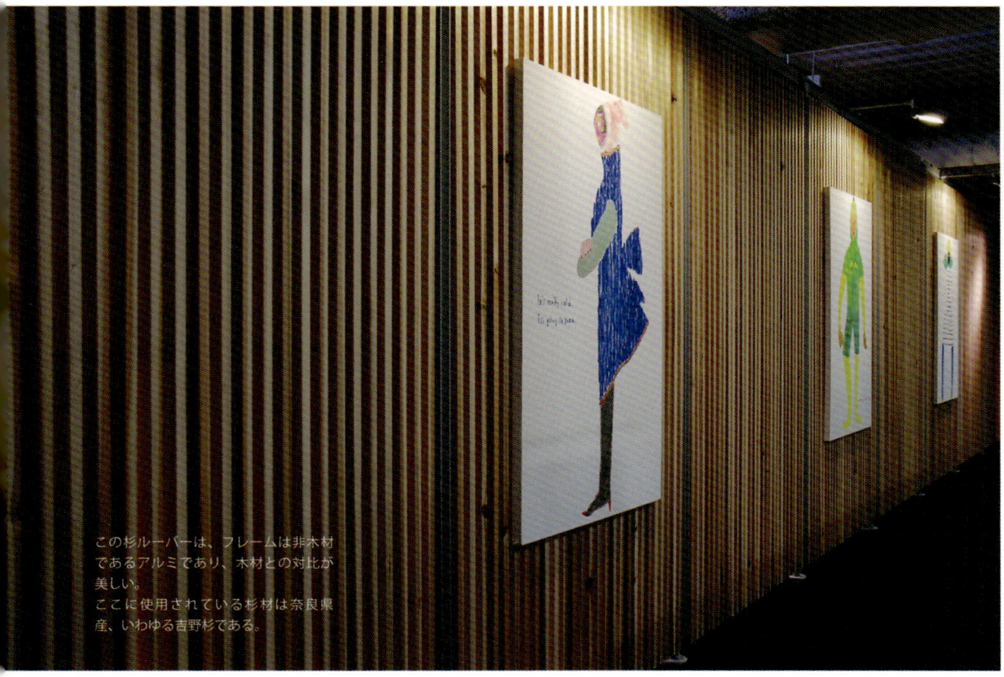

この杉ルーバーは、フレームは非木材であるアルミであり、木材との対比が美しい。
ここに使用されている杉材は奈良県産、いわゆる吉野杉である。

この杉パネルは近畿中国地方の以下7つの県産材にて構成されている。吉野杉（奈良県）・宍粟杉（兵庫県）・京都府産の杉・紀州材の杉（和歌山県）・嶺北杉（高知県）・智頭杉（鳥取県）・徳島県産材の杉。また各パネル右下には各県の花が焼印されている。

杉を使用した協創のスペース

株式会社 内田洋行は 1910 年に創業し、事務器械の専門商社として成長し、現在はオフィス関連事業（オフィス空間のデザイン・設計、それにともなう家具の製造・販売、ネットワークの設計・デザイン・施工など）や教育関連事業（学校教育市場への教育機器・教材・コンテンツの製造・販売、ICT システムの構築、学校空間デザイン・家具販売・施工など）、情報関連事業（民間企業・公共団体向けの基幹業務他のコンピュータソフトウェアの開発・販売・システムインテグレーションサービス、コンピュータハードの販売、保守サポート）を展開する企業である。

内田洋行の大阪支店内にある「大阪 ユビキタス協創広場 CANVAS」は、自社の最新の技術・デザイン・コンテンツを基に内田洋行グループが独自に作り上げた「ユビキタス・プレイス」® であり、体感とお客様との協創により、新たな価値を創出する多目的スペースである。

上記は、この CANVAS のエントランスであり、近畿中国地方の杉パネル（無垢材）を地産別に紹介をし、そのパネルと背面の杉ルーバー（奈良県産の無垢材）をもって、来場者の触感と嗅感に木材の優しさを届ける仕掛けを施している。

この杉パネルは 7 つの県産材にて構成されているが、その表面の色合いは各県にて違いが判断できる。このように各県産材の特徴も同時に楽しむことが出来る。

1

2

3

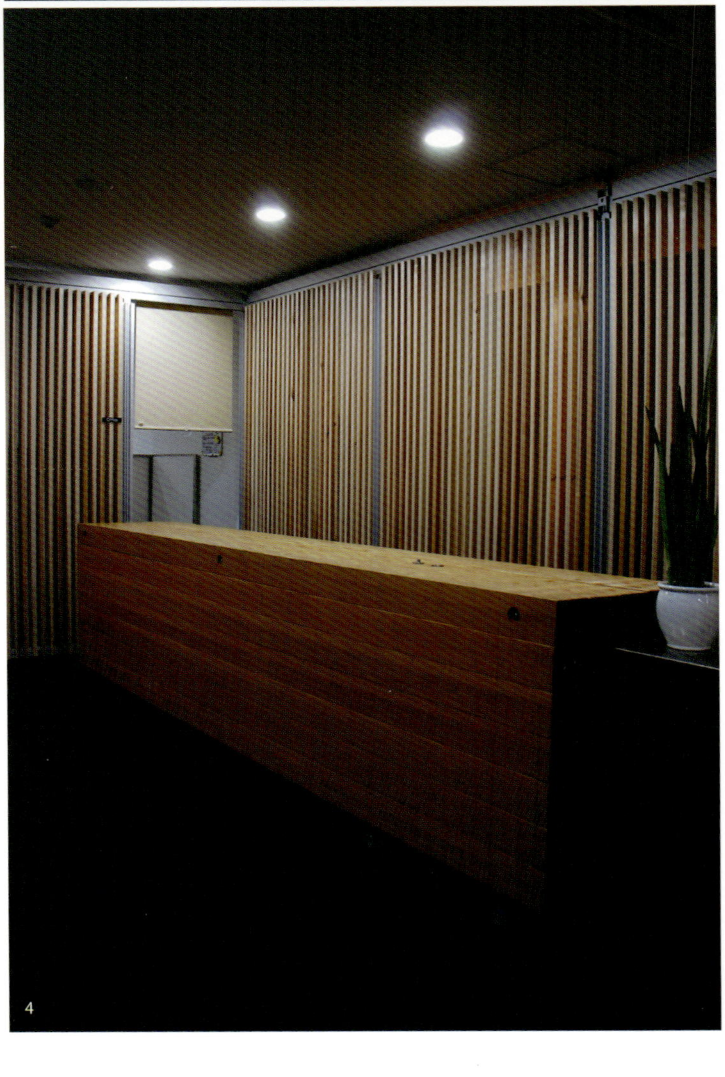
4

1.CANVAS導入部のウォール面、ここにも吉野杉が使用されている。アルミフレームとガラスの対比に目が奪われる。

2.これは内田洋行が参画している日本全国スギダラケ倶楽部の「obisugidesign」（宮崎県日南市から発信する飫肥杉プロダクト）の商品で「SUGIKARA　bench」。デザインは著名な南雲勝志氏の手によるもの。

3.宍粟杉150×150・2.8mの角材棚板。角材を棚板にする大胆な発想とそれを支える技術力がうかがえる。

4.CANVASの2Ｆにある角材を積上げたカウンター。無垢材のボリュームが美しい逸品である。

吉野杉のルーバーと宍粟杉の角材を積み上げたカウンター。前記同様、無垢材のボリュームが美しい逸品。有機質な木材は無機質な空間に映えることを証明している。
また高いテクノロジーを誇る内田洋行の木材（杉）の提案方法が面白い。

オフィスで木を使う。

前記で紹介した通り、この「大阪ユビキタス協創広場CANVAS」は、自社の最新の技術・デザイン・コンテンツを基に作り上げたユビキタス（「いつでも、どこでも、だれでも」が恩恵を受けることができるインタフェース、環境、技術）なプレイスである。もちろん内田洋行が誇るソフト面での技術だけでなく、デザイン面でも来場者が楽しめる装置で溢れている。

内田洋行は早い段階でデザインに木材（杉）を取り入れた。このことは参画している日本全国スギダラケ倶楽部での活躍から理解できる。この倶楽部は木材（杉）の普及活動とともに大人や子供、組織や企業、地域や分野を超えて、様々なプロジェクトを実行するためのネットワークを形成している。

また内田洋行社長は、宮崎県木材青壮年会連合会が主催している「杉コレクション」（全国から、商品化を前提に子どもたちの笑顔あふれる作品を募集し、実物大にて製作し、表彰している）においても審査委員を歴任している。

国産材の利用促進がうたわれている今日においては、内田洋行の「オフィスで木を使う」という手法は、まさに木質化推進のパイオニアであると言える。安らぎとしての木材、構造材としての木材ではなく、シャープな意匠デザインとしての木材の優位性がしめられた素晴らしい提案であり、協創的な空間である。

木の音にこだわる

No: 13/ Product design

写真左 / 弦は、弦楽器を応用したスピーカーシステム。
写真右 / 響月は、管楽器を応用したスピーカーシステム。

響月及び弦開発コンセプト

響月は、管楽器を応用したバックロードホーンスピーカーシステムである。弦は、弦楽器を応用したダブルバスレフスピーカーシステムである。

■開発概要

①日本の家屋に適した形（大きさ）及び低音域から高音域まで出力できる適度な音量。

②ここちよく優しい音へのこだわり、老若男女問わず人間の本能をくすぐる特別な音質と言われるソプラノ音、その音を際立て、ひきしませるテノール・バスとのハーモニー。

③ヨーロッパの教会（ホール）で奏でられる様な音、ホーン効果を日本の家屋で実現させるために新しい音を作り出す（響月）

④「スピーカーボックスは楽器である」とのコンセプトから、バイオリンのメカニズムを研究し、サウンドポスト・バスバー・トップ・バロック・ブリッジ等の部品をスピーカーシステムに合う形に進化させた。

この木質化のデータ
主な使用材種：杉
販売価格：￥500,000
製作者：番匠 井手

COLUMN：目からウロコの木材知識③

木の比強度は鉄の４倍！

構造に用いる部材は“強い”ことと同時に“軽い”ことが重要です。異なる材料の強度を比較する時、同じ断面で比べる場合（一般的な強度）と、同じ重さで比べる場合（比強度）があります。木材（比重0.40）は鋼材（比重7.86）に比べると強度は約４分の１ですが、比強度では約４倍となります。木材は軽くて強い材料であるといえます。軽くて強い木材は、地震の揺れに対して強い家をつくるためにも有利な材料なのです。

地域産材の活用にも

優れた断熱性と人に優しいデザインを備えた地域産材でつくった木製サッシである。木製サッシはアルミや樹脂サッシよりも断熱性が高いことをご存知だろうか？ サーモウッド処理することで、木部の腐れや寸法変化を最小限に抑えた。またサーモウッドの技術は杉、桧、カラマツなどどんな樹種にも適応できるため地域産材の新しい活用につながる。写真の事例は大阪府の高等学校の施設である。木製サッシを使用することで最適な教育環境の実現を目指している。

木製の建具

No: 14/ Location: Tondabayasi-shi, Osaka/ Completion: 2011

この木質化のデータ

主な使用材種：杉
物件所在地：大阪府富田林市
納材・設計者：越井木材工業株式会社
施工者：株式会社 内本工務店
竣工年：平成 23 年

1

1階テラス前のリビングダイニング、構造が美しい。

2

リビングから２階への上がる階段の様子

「吉野で生まれ吉野で育つ」

地元産である吉野杉を使用した住宅であり、「天然乾燥〜製材〜手刻み〜組立」まで全てが現場近くにて完結した木造在来工法の物件である。

その「地産地消」に沿う建築プロセスは、住宅のトレーサビルティを確保し、住み手の信頼感や愛着（長く大切に使うという気持ち）へと繋がるものであろう。「吉野で生まれ吉野で育つ」この家が、住み手とともにこの地の環境を謳歌し、そのことが町自体のアイデンティティの再確認を呼び掛けるものでありたいと考え、計画された住まいである。

建物は、片流れの屋根につつまれた平屋部分がＬ型にテラスを囲み、その端部が持ち上がって２階部分となる構成で、平面的・断面的に連続しつつ緩やかに分節された空間が、小さな家にいろいろな「場」と「距離感」をもたらしている。

また２階の大窓から広がる吉野川への眺望は、この地を選んだ施主夫婦のための特別な景色となっているようである。

吉野杉につつまれた柔らかな肌触りと香りが、今にもただよってくるような住空間であり、吉野を感じる素晴らしいデザインの木質化事例といえる。

PHOTOS: 1,3,4,5,6,8,9　杉野 圭 (KEI SUGINO)
2,7　増谷 高根 (TAKANE MASUTANI)

3

木材の地産地消という
アイデンティティ

No: 15/ Location: Yoshino-gun, Nara/ Completion: 2010

4

テラスから見たリビング。明かりと壁面の吉野杉が、温かさを生んでいる。

5

リビングから見たテラス。開放感につつまれている。

6

2階洋室。梁と柱の関係が美しい。

7

2階洋室ロフト部の大窓。

8

1階のモダンな和室もテラスを囲んで配置している。

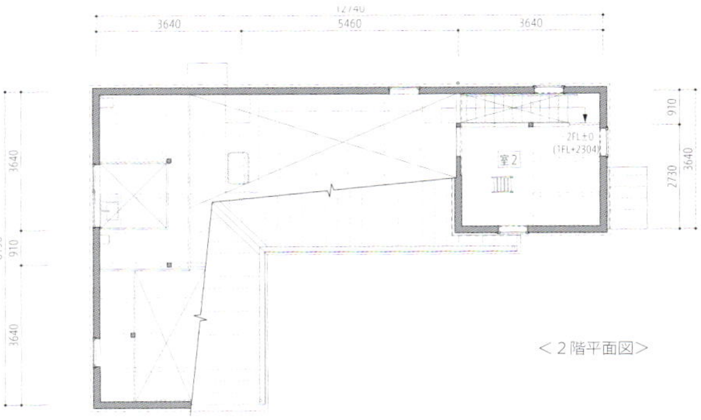

＜2階平面図＞

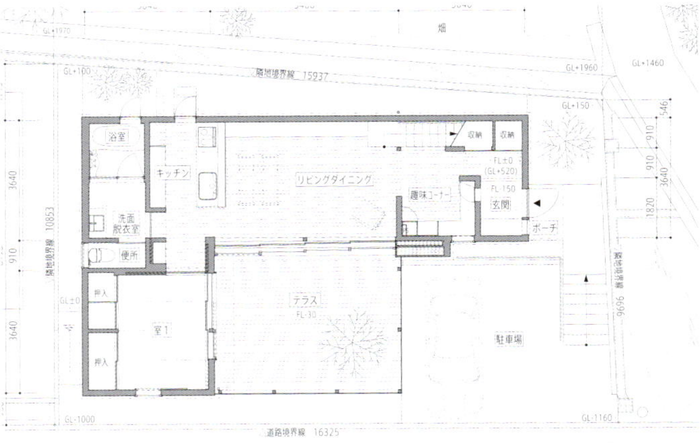

＜1階平面図＞

この木質化のデータ

主な使用材種：

（土台）吉野檜、120×120mm

（管柱）吉野杉、105×105mm （通し柱）吉野杉、120×120mm

（梁）吉野杉、105～210×105mm

（登り梁）吉野杉、180～210×105mm

●外装材

（外壁）吉野杉、幅 110mm、t=15mm、無塗装仕上

（外構ウッドデッキ格子）吉野杉、幅 90mm、t=17mm、無塗装仕上

（外構ウッドデッキ床）吉野杉、幅 141mm、t=40mm、オスモ：ウッドステインクリアプラス塗装仕上

●内装材

（床面）吉野杉フローリング、幅 110mm、t=15mm、無塗装仕上

（内壁）吉野杉、幅 110mm、t=12mm、無塗装仕上

（内壁）吉野杉、幅 110mm、t=12mm、無塗装仕上

（天井／野地板）檜合板および杉合板、t=24、28mm、無塗装仕上

（木製建具）吉野杉、無塗装仕上

（階段踏板）タモ集成材、t=30mm、オスモ：ウッドワックス塗装仕上

●内装家具

テーブル天板）吉野産ケヤキ、幅 300mm、t=40mm、3 枚はぎ、L=1800、W=850mm、プラネットカラークリア塗装仕上（カウンター天板）タモ集成材、t=30mm、オスモ：ウッドワックス塗装仕上

物件所在地：奈良県吉野郡

納材者：阪口製材所

設計者：一級建築士事務所 増谷高根建築研究所 増谷 高根

施工製作者：㈱ツキデ工務店 奈良分室 山崎 博司

竣工年：平成 22 年

木のモダンな味わい

No: 16/Location: Toyohashi-shi. Aichi/Completion: 2008

元材木商だから、木の愛情は人一倍。

　この住宅を提案した企業の前身は、大正時代創業の材木問屋。だから、木を見極める眼力も、適材適所の使い分けも、決して人には負けないというプライドを感じる。でもそういうことより何より“木が大好き”というのが正直な気持ちのようだ。それは遺伝子の中に組み込まれていると言ってもいいほどのようである。

　だからこそ、一人でも多くの人に木の良さを知っていただきたいし、木の家を建ててほしい。そのために無垢材をできるだけ価格を抑えてご提供できるよう、企業努力を続けてきたという。

　一般に“無垢の木は高い”というイメージを持たれているようであるが、上手に使い分ければ木の香りがいっぱいの家は手に入る。社長自ら現地に直接買い付けに行き、良質な無垢材が手に入るルートも確保してきたという。木を愛し、木の家に住みたいと願う皆さんのお役に少しでも立てるよう、これからも努力を続けていきたい、とのことである。

この木質化のデータ

【トイレ・リビング】
主な使用材種：杉・桧・米松
物件所在地：愛知県豊橋市
納材者：中屋木材株式会社
施工者：㈱トーリンホーム
竣工年：平成20年

人に優しい家造り

この住宅を提案した企業は『人に優しい家造り』をモットーにしている。そして次のように語っている。

理解しやすく人に例えると、真に強い人は、しなやかで優しいものであり、住宅も同様に優しさと強さが同居してクオリティーが完成する。高いシェルター性と自然素材によって造られた居心地の良い空間の構築を目指している。

木、石、漆喰等の自然素材には、揺らぎを感じ人に癒しを与える。こんな自然素材の中でも、木は人肌との相性も良く感じられ中心となる呼吸素材として使い続けている。

設計手法としては、施主の生活感を落とし込み、環境にマッチするよう模索し、外部、中間部、内部と繋げて拡がる空間を目指している。そして、デザインは、日本の美意識が宿る家を目指している。

『粋な家』『余白の美空間』等が表現することを考慮している。

余白の美空間

No: 17/ Location: Hamamatsu-shi, Shizuoka/ Completion: 2008

この木質化のデータ

主な使用材種：鳳来杉
物件所在地：静岡県浜松市
納材者：㈲イタキ
施工者：桂ハウジング㈱
竣工年：平成20年

木組みによる都市型住宅空間

No: 18/ Location: Suginami-ku, Tokyo/ Completion: 2011

伝統的な構法と、 新たな機能。

東京都内という立地もあり、伝統工法によし、開口部のサッシは閉め切った状態でも縦る「木組み」の構造形式を取りながら、現代的な都市型住宅空間を提案した住宅である。１階はパブリックな性質の空間として、ワンルーム構成を採用しており、奥にある「上の間」より前庭まで順に４段階に床段差を設け、どの場所からも前庭へ視線が抜けるよう断面を構成している。

梁は3尺（910mm）ピッチにて直行方向に渡して、外部空間へ意識が向くように計画し、開口部のサッシは閉め切った状態でも縦框が柱と重なるよう、に考え、また開放時は戸袋内に引き込めるようにして、外部への視界を遮らないように配慮している。

これらの動作により各部屋からは外部空間との緩やかな繋がりが意識されるという、細やかな配慮が施されている。
また構造壁には「貫」構造を採用し、吹抜け部の窓にはその貫をあらわしで設置し、意匠上の表現および日除け、防犯機能を併有することで、構造材だけではない貫のあり方を提案している。

各接合部には金物だけでなく、木材の性質に合った伝統的な継手仕口を使用し、「伝統的な民家の空間性を外部空間まで拡張する」「伝統的な構造形式に新たな性能と機能を付加する」ことをコンセプトに、現代的な都市型住宅空間を成立させている秀逸な木構造と木質化事例でありCool Woodな住宅である。

「上の間」家族全員が多目的に利用できる4.0mのテーブル。

2階吹き抜け。ガラス面には貫を設置し日除けと防犯を兼ねている

防犯性を兼ね備えたルーバー引戸。室内のひかりが柔らかくもれる

玄関土間のスギ板。室内外の境界をあいまいにしている。

神代スギ材の天井によるコントラストが効いたゲストルーム。

＜2階平面図＞

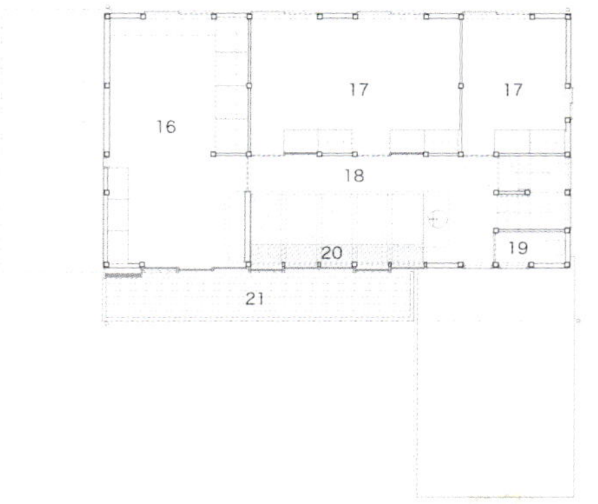

＜1階平面図＞

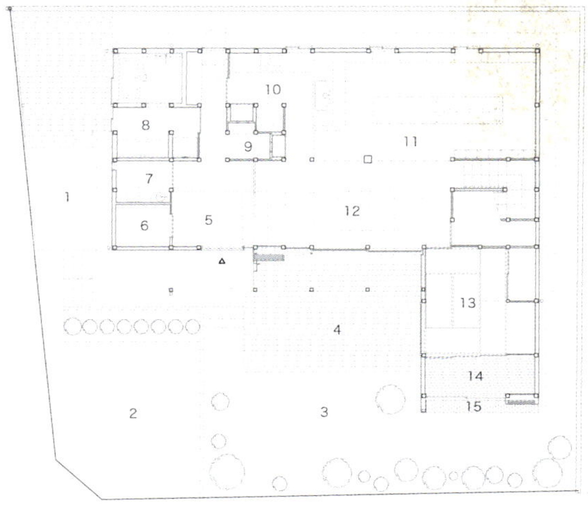

N

1. 駐輪場	8. 洗面室	15. ヌレ縁
2. 駐車場	9. パントリー	16.MBR
3. 前庭	10. キッチン	17. 子供室
4. デッキ	11. 上の間	18. 廊下
5. エントランス	12. 下の間	19. トイレ
6. 納戸	13. ゲストルーム	20. キャットウォーク
7. トイレ	14. 広縁	21. 布団干しデッキ

この木質化のデータ

主な使用材種:

●構造材

(土台) 吉野桧材、120×120mm、柿渋仕上

(管柱、通し柱/真壁) 吉野杉材、120×120mm、150×150mm、柿渋仕上

(大黒柱/上の間) 岐阜県産欅材、240 x 240mm

(梁/全て化粧) 吉野杉材、300 ～ 150×120mm、柿渋仕上

(登り垂木/全て化粧) 越前産杉材、150 x 120mm、柿渋仕上

(各込栓・楔継手部) 楢・欅・チーク材

●外装材

(外壁/下見板) 吉野杉材、幅180・t =15mm、オスモ:ウッドステインクリアプラス塗装仕上

(外構門扉) 吉野杉材、木塀杉格子状の板塀、オスモ:ウッドステインクリアプラス塗装仕上

(外構デッキ) 吉野杉材、幅180・t=35mm、オスモ:ウッドステインクリアプラス塗装仕上

●内装材

(床面) 吉野杉材フローリング、幅180&120・t =30mm、オスモ:フロアクリア塗装仕上

(天井/水廻り以外) 吉野杉材、幅90・t =12mm、柿渋仕上

(天井/洗面質&トイレ) 青森県産ヒバ材、幅90・t =9mm

(天井/野地板/全て化粧) 吉野杉材、幅180・t =30mm、柿渋仕上

(外部木製建具/エントランス扉) ミヤンマー産チークフローリング貼、チークオイル塗布仕上

(外部木製建具/「下の間」ガラス框戸) 吉野高野槙材、オスモ:ウッドステインクリア塗装仕上

(外部木製建具/「下の間」網戸) 吉野カヤ材、オスモ:ウッドステインクリア塗装仕上

(外部木製建具/「下の間」格子雨戸) 吉野杉材、オスモ:ウッドステインクリア塗装仕上

(外部木製建具/「寝室」ガラス框戸) 青森県産ヒバ材、オスモ:ウッドステインクリア塗装仕上

(内部木製建具) 吉野杉材、秋田杉材、オスモ:エクストラクリアー塗布仕上

(和室/床柱) 吉野杉天然絞丸太、90φ、白木ワックス仕上

(和室/床柱) 吉野杉天然絞丸太、90φ、白木ワックス仕上

(和室/天井) 神代杉材、幅450・t =6mm、煤竹との竿縁天井

(和室/床面・広縁) 山陰肥松材、t =15mm

(和室 /落掛け) 春日杉材 t =30mm、白木ワックス仕上

●内装家具

(テーブル/「上の間」) 山陰肥マツ材、L=4000、W=1000 ～ 900mm、オスモ:エクストラクリアー塗布仕上

(カウンター各部) クリ・イチョウ・ナラ・トチ・屋久スギ・チーク・ウォールナット材、t =30～50mm、オスモ:エクストラクリアー塗布仕上

物件所在地:東京都杉並区

納材者:㈱玉健商店

設計者:㈱タマケン/エヌエヌスタジオ

施工製作者:㈱タマケン

竣工年:平成23年

地域材の活用

No: 19/ Product design

この家具は地域産材（西予市産桧）を有効に活用するため、集成加工して製作したものである。ソファー（上）、丸テーブル（中）、本棚（下）のサイズにあわせて原板を作ることによって、材料の無駄になる部分が少なく、日本の資源を大切に使用している。設置場所は各階のロビーや階段横のスペースで身近な場所で国産材のぬくもりに触れることが出来る。

集成材でつくる

この企業は昭和29年の設立当時は製材業を営んでいたが、平成７年より集成材メーカー（構造用集成材 小・中断面）として操業し現在に至っている。近年は国産材生産比率（桧・杉）を80％まで伸ばし、特に桧の構造用集成材では、国内トップクラスの生産量があり、安定供給できる体制を整えている。

また、愛媛県の桧素材生産量は平成19年から平成22年まで４年連続で全国１位を達成しており、その素材を活かすために、構造用集成材だけに留まらず造作用集成材や内装材（床材・壁材・天井材）、家具や木工品なども手がけ、さまざまな分野（学校などの公共施設や福祉施設等）に国産材を利用できるよう商品開発・提案に勤めているという。

最近は圧縮木材や不燃木材、木材にPET樹脂を貼ったハイブリット木材、高温熱処理材、樹脂含侵木材といった特殊木材にも取り組んでいる。

この木質化のデータ

主な使用材種：西予市産桧
施工費：￥600,000
納材者：河野興産㈱

この木質化のデータ

主な使用材種：
メープル
ウォールナット
クリ・オーク・チェリー
販売者：松原産業㈱

身のまわりに木材を

No: 20/ Product design

小物としての木材利用

この木質製品の部材提供者いわく、フローリングなどの製造工程では日々沢山の端材が生まれる。フローリングとしては短いが、品質の良い、この無垢材を何とか活かせないだろうか。そのような想いから、端材活用を思案してた頃、スマートフォンを入手し、使っているうちに、「木でケースを作ることは出来ないだろうか」という想いが膨らんだという。

無垢の木の良さを活かし、かつデザインの良い製品を作りたいと思ってた矢先、出会ったのが製造元の㈱SweetD。意気投合し、弊社からフローリングの端材を提供し、㈱SweetDがデザイン、作成を担当して生まれたのがこの製品である。

日本木青連のネットワークを活かし、材料は全国各地より集め、こだわりの樹種で作ることも可能である。同じ樹種でも、無垢材の表情は様々、各々に味があり、個性が宿る。オーナー様のライフスタイルに合わせて、日々変化するケースを見るのも無垢材ならではの味わいではないだろうか。

無機質で均質な工業製品では味わえない、木のぬくもりと優しさを感じることの出来るケース、例え割れても修理して長く使えることも木の最大の長所である。

本当に木の特性を活かした身のまわりをリッチな気分にさせる製品である。

COLUMN：目からウロコの木材知識④

木からアルコール！

植物は、二酸化炭素と水があれば、光合成によってブドウ糖を作ることができます。ブドウ糖が結合するとデンプンやセルロースになります。米や麦のデンプンを糖に分解してアルコール発酵するとお酒（エタノール）ができますが、同様に、木材の主要成分であるセルロースもブドウ糖にまで分解すれば、エタノールを醸造することができます。ただ、セルロースは糖に分解することが少々難しく、実用化にはもう少しの技術開発が必要のようです。

木造校舎のぬくもり

No: 21/ Location: Annaka-shi, Gunma/ Completion: 2006

1.　２階北側テラス／幅の広いテラスを覆う、大きく張出した軒が特徴的である。太陽を遮る事で、真夏でも安心して遊ぶことができそうだ。外壁はもちろん床面のデッキ材も木を利用している。

柔らかく温かい空間。

松井田町の山間に位置する校舎は、唐松の外壁と唐松の木製サッシにグレー系の塗装を施し、四季の色合いの中にも落ち着いた雰囲気を出している。学校の入り口でもあるドーム型の屋根で覆われた「集いの広場」には地産の杉丸太を所々に配置し、明るく開放的な造りとなっている。教室棟は間仕切りがなくオープンスペースで、木材がかもし出す柔らかく温かい空間での子供たちは生き生きとして見える。随所に配置してある木製ベンチ（タモ製）は、校舎内とは思えない憩いの空間でもある。2Fの幅広く長いウッドデッキで子供たちが元気に走り回る光景が目に浮かぶ。

この木質化のデータ

主な使用材種：欧州赤松（EW）
唐松（無垢、集成材）・杉（地産）
タモ集成材・メイプル合板
施工面積：2,384.73 ㎡
物件所在地：群馬県安中市
設計者：アルコム
施工者：清水建設・信越アステック共同企業体
竣工年：平成18年

2. エントランスホール/地元産の杉丸太を使用し、ドーム型の天井に組み上げた。外から見ると一瞬プラネタリウムかと思うような、シンボリックな存在である。
屋根は半透明のシートを使用して、採光にも工夫を凝らす。

3

4

5

6. 北側校庭/校舎南側には大きな土のグランドがあるが、ここは芝生を植え生徒たちの憩いの場的な校庭。
校舎を一部平屋にすることで、ここでも開放感を高めている。

3. 階段スペース/ 階段に面する壁を、木製サッシをはめ込みガラス張りにした事と。蹴込みを開けたことで採光および開放感も格段に良くなった。
階段下のスペースは、会議テーブルや椅子などの置き場として、有効利用をしている。

4. 図書室/ 室と言っても間仕切りが無いので、図書スペースと言った方が良いのかもしれない。
屋根は天井板を張らないことで、圧迫感が軽減されている。

5. 講堂/ 構造は鉄筋コンクリート造であるが、内装は全て木質素材である。
天井から釣り下がる四角いランプシェードも、木を組上げたものとその徹底ぶりが伺える。
教室がオープンスペースのため、音楽の授業はここで行う。

7. 階段 / 大断面の梁用材を組み合わせた、間仕切りが特徴的。
またその存在感を出すために、あえて高さを押さえ断面が見えるようにしている。

8. 図工室 / ジグソーなどがあることから分かるとおり、音の出る作業を行うので、壁で仕切られた教室である。
壁は構造用の針葉樹合板を、そのまま使用している。

7

8

この木質化のデータ

主な使用材種：杉
設計者：海野建設㈱
施工者：海野建設㈱

ホームを降りると木の街がお出迎え。

公共に木材を 1

No: 22/ Location: Miyazaki

街灯が優しく照らす。

爽やかな風の吹く場所

木材に迎えられる、キャノピー。

自然との調和。

積極的に県産木材の利用を

宮崎県では今後ますます、杉を中心とする森林資源の充実が見込まれることから、県内で生産、加工された木材の需要を拡大していくことが重要な課題となっている。

木材は、調湿性に優れ断熱性が高くリラックス効果があるなど、人にやさしい、心安まる素材であるとともに、鉄やコンクリート等に比べ加工等に必要なエネルギーも低く環境にもやさしい省エネ資材であり、炭素を長期間貯蔵できる機能を有する再生産可能な資材である。

これらの優れた特性を持つ木材の利用を推進することは、森林の適正な整備を通じた地球温暖化の防止や、循環型社会の形成にも大きく貢献するものである。また、国産材を利用することは、山村地域の活性化をはじめ素材生産から製材・加工に至る木材産業の活性化につながるだけではなく、土木・建設関連の他産業の振興にも寄与するなど、経済への波及効果が期待される。

また、公共の場での木材利用は、どうしても屋外が多いことから使用上、注入処理を必要とするが、人体への安全な処理（この事例はミロモックル処理）を施すことで、安心して使用することが出来る。

木材を中心（ハブ）として、人と人を繋げる現代社会でのプラットホームにすることが出来る。ベンチに人が集い、語り、木材に触れる。メンテナンスに地域の人々が集まり同じ時間を共有していく。絆を深め、心を豊に出来るツールに木材はなるのではないだろうか。

このようなことから、公共建築物等における木材の利用の促進に関する法律を踏まえ、国産材の利用を促進し、木材の良さを普及啓発するとともに、国民生活に深く関わりのある公共建築物の木造化・木質化の積極的な推進を通して、国産材の需要拡大を図っていきたい。

天然木の魅力

No: 23/ Location: Hekinan-shi, Aichi/ Completion: 2002

この木質化のデータ

主な使用材種：タモ・パイン
施工面積：5 ㎡
材料費：¥900,000
施工費：¥200,000
物件所在地：愛知県碧南市
納材者：㈱碧南木材センター
設計者：山本建築設計室
施工者：大友建築 鈴木 孝
竣工年：平成 14 年

無垢材へのこだわり

この住宅の施主は販売店を経営しており、その佇まいは丸太で作られたカントリー調の暖かさを感じる店舗で、無垢の柔らかさや自然な形を好む施主は、住宅にも無垢へのこだわりがあったようである。内装の壁面から床材・天井の仕上げ材と、あらゆる備品の細部に至るまで、1つ1つ木材業者と一緒に考え選んで仕上げ、リビングにデザインされた天然木は、山で選定し伐採して運んで施工したという。

このような趣味性の強い住まいを作るには、施主との信頼関係を築くことが重要であり、無垢材の材種から各種の特徴、メリット・デメリットなどしっかり説明をして納得頂き、無垢の良さを知って頂くことが肝要であろう。

施主のこだわりがあるからこそ、作り手としてはやりがいのある住宅建築となり、自信を持って提供出来る作品になったといえる。

柱は桧の105角、天井の梁は松の丸太を3尺ピッチにふんだんに使用した。
壁の仕上げは「ミュール・デートルフォア」を使用。フランス産の塗り壁材で、天然素材を使用した紙粘土の一種である。調湿機能に優れ、粘土質なためクラックにも強く、補修も容易に出来る建材である。

キッチンならびに収納天板はタモの面皮付きを使用。建具はパインの羽目板で全てオーダー家具となっている。天板はウレタンでコーティングされ、水垢や汚れなどを防ぐ。アイランド型シンク付き無垢天板は、その大きさから落ち着きがあり堂々としている。

COLUMN：目からウロコの木材知識⑤

世界最大の飛行機は木造！

世界最大（翼幅）の飛行機は、ハワード・ヒューズが製造した「ヒューズ H-4 ハーキュリーズ」でレオナルド・ディカプリオ主演の映画『アビエイター』でも話題となりました。これは機体にバーチ材やスプルース材が用いられた木製飛行機で、通称「スプルース・グース（スプルース製のガチョウ）」と呼ばれています。1947 年に、最初で最後の飛行に成功しました。現在は、オレゴン州マクミンヴィルのエバーグリーン航空博物館に展示されています。

自然に還る素材で造る家

No: 24/ Location: Toyohashi-shi, Aichi/ Completion: 2007

木以外の素材にもこだわる。

この住宅を提案した企業は、早期から健康住宅をテーマに掲げた取り組みをしてきたようで、それはシックハウスという言葉が、まだ日本に定着していなかった時代にまで遡るという。

せっかく無垢の木を使っているのだから、それ以外の素材も自然の中にリサイクルできる安全な素材を使いたい。その願いからも日頃から情報を収集し、生き物にも環境にもやさしい素材を採用しているという。

この木質化のデータ
主な使用材種：杉・桧・米松
物件所在地：愛知県豊橋市
納材者：中屋木材㈱
施工者：㈱トーリンホーム
竣工年：平成19年

「木のお風呂」でゆったりと

No: 25/ Product design

角型浴槽/框（縁）を設けない、シャープでモダンなデザインに仕上がっており、洋風バスルームに設置することも想定している。和と洋、独特の「和モダン」な空間演出が可能である。

●材料：高野槙

天然分布、中部以南で紀州地方などの高野山付近に多い事から「高野槙」と呼ばれている。材色は黄白色で檜以上の光沢があるとも言われ、耐水湿性も木曽五木の中でも最長である。黒ずみにくい特徴があり、木風呂や船舶材、浴室建材などにもよく使われる材料を使用している。

使用している木曽の銘木について

日本には良質な木材の産地が多く、その中でも木曽は最高の良材を産出し、「木曽の銘木」として高く評価されている。

文豪 島崎藤村は、代表作『夜明け前』を「木曽路はすべて山の中である。」と、書き始めているが、信仰の山「御嶽」を山頂に山々は幾重にも重なっており、起伏のある複雑な地形が広がっている。

この山々には、檜（ひのき）、椹（さわら）、槙（まき）、鼠子（ねずこ）、翌檜（あすなろ）が生い茂り、木曽の人々はこれらを「木曽の五木」と呼んで大切に育ててきた。

木曽の歴史は、木材と共にある。材の運搬は筏（いかだ）に組んで木曽川を流し、伊勢湾で集材、貯木したが、これは全く地の利を得たものであり、船積みによる各地への供給を容易ならしめ、経済的な潤いを得てきた。

四季豊かな風情を唄った「木曽節」が、地元の正調では決して華やかなものではなく、切々たる哀調がこもっている事から察せられるように、木曽五木の歴史は涙の歴史でもある。

厳しい自然に耐え、鍛えられた木曽の累々る山並みと、そこに住む人々の気質は、何人の支配をも拒んできた。江戸幕府は、木

丸浴槽/伝統的な職人の技術と、桶に適した素材を用いた、丸型の浴槽である。ホテル・旅館の貸切風呂や露天風呂、セカンドハウスなどに最適、大人３人程度が同時に入浴できる。

●材料：木曽椹（さわら）
スギに類しており、建築・建具材などに多く用いられ桶材としては、世界中の木の中では最高級材料として使用されている。木曽檜に比べると、多少黄褐色で木理通直、肌目は緻密で優美な色合いである。とくに酸に強く、優れた耐湿性、桐に次いで軽く加工しやすい材料を使用している。

曽の要塞化を懸念する一方、良質な木材を重視し、その警備と管理を尾張藩に委ねて以来300年、尾張藩木曽福島に関所と代官所を設け、中山道の治安と監視に当たると共に、山林の保護と育成に努めてきた。

御嶽を源とし山々を縫って流れる木曽川は、濃尾平野を肥沃にしてきたが、時には氾濫する事もあり、これを制するのは容易ではなかった。

治水対策として、上流の治山事業は絶対に欠く事が出来ない。尾張藩は、上流の木材の伐採を制限し、特に木曽五木の伐採は厳しく禁じ、討伐等の違反に対しては過酷な刑罰を科する等して、森林の保護を行ってきた。その為、「枝一本、腕一つ、木一本、首一つ」といった言葉が残り、その様子は今でも語り継がれている。

明治以降、木曽の山々は国有林となり、御嶽を囲む一帯は林野庁によって森林を保護し育成されてきた。

日本三大美林の一つに数えられ、その中でも最も優れた木曽の山では、今も樹齢300年を越える五木が育てられ、天下に比類ない貴重な天然資材として使われている。

この木質化のデータ

主な使用材種：高野槙（角型）・木曽椹（丸型）
施工面積：1.6 ㎡（角型）・4.71 ㎡（丸型）
材料費：（角型）￥1,680,000
（丸型）￥1,491,000 ※共に上代、設置費別。
施工費：※設置場所により、御見積。
設計者：コリアデザイン社（韓国）
施工者：檜創建㈱

名栗仕上げの表情

No: 26/Location: Minoh-shi, Osaka/ Completion: 2011

マンションの木質化で品格を

築25年のマンションの一室を木の家へリフォームした事例である。杉、タモ、唐松、ふんだんに木材を使用し、壁、天井には珪藻土クロスを張っている。

自然素材をふんだんに使ったナチュラルな空間に上質感を与えぐっと引き締めるのが、名栗加工（網代仕上げ）を施した桧の柱である。

名栗加工と漆塗りで仕上げたこの柱は、意匠上の飾り柱であるが居間の中心に位置し求心力のある大黒柱の役割を担う。

玄関にも同じく名栗加工、漆塗りの六角柱（こちらは真桜）を配し来訪者にもてなしの空間を演出している。

この家の住まい手は子どもが独立し、これからふたりの生活が始まる夫婦である。

成熟した夫婦の暮らしに相応しい「格」と「品」、「遊び心」と「色気」を名栗仕上げの表情が添えることになるだろう。

写真上・右下/【大黒柱】大きな桧の大黒柱に名栗加工を施すことでよりシンボル的な効果を生み出した。
写真左下/【玄関飾り柱】名栗加工を施した真桜を使うことで来客者にインパクトを与える玄関となった。
両方とも漆仕上げのため、より一層高級感が醸し出されている。

この木質化のデータ

主な使用材種：桧　真桜
納材者：名栗加工 (有)橘商店
物件所在地：大阪府箕面市
設計者：Ms 設計建築事務所
施工者：(有)羽根建築工房
竣工年：平成 23年

デッキ部分にはウリンを使用。耐久性に優れており野ざらしでも数十年以上使用可能。木の優しさを体感できてコミュニティスペースとして重要な場所となっている。

晴れた日にはデッキで

No: 27/ Location: Kato-shi, Hyogo/ Completion: 2003

老人ホームの屋外デッキ

当該施設は一見するとどこにでもあるような外観である。RC 3 階建のその建物は否応なくコンクリートが視界に入ってくる。安心安全を勘案した構造とはいえ冷たい感じは否めない。その中で目を引く場所がある。屋外デッキだ。無機質感を相殺して余りある木造デッキは大きなアクセントとなり、老人ホームに求められる"優しさ、温かさ"を具現化した格好だ。実際に入居を決めた方が理由の一つとしてこの木造デッキの存在を挙げるというのも大いに頷ける。当時まだ日本で馴染みの薄かった高級デッキ材であるウリンを惜しげもなく使用したのは、独特の赤みがかった色合いと30年以上もつという耐久性だった。単価は高かったがメンテナンス不要ということは手間が掛からずランニングコストも掛からない、結果としてトータルコストは安くなるのだ。水に濡れると赤いアクが出るので雨上がり時には注意が必要だが数ヶ月も経てば止まってしまう。この屋外デッキはコミュニケーションスペースとして考えていたそうだが、入居者から食堂ではなくここで食事をしたいという声が上がった。足下から木のぬくもりを感じ、そよ風を受け、太陽を浴びながらの食事は何とも言えない幸福感に包まれるに違いない。晴れた日ともなればデッキでの食事希望者が多いそうで笑い声が絶えない空間になっている。木を前面に出せばこその結果だろう。

この木質化のデータ

主な使用材種：ウリン
施工面積：225 ㎡
材料費：¥925,000
施工費：¥400,000
物件所在地：兵庫県加東市
納材者：有限会社 奥久
竣工年：平成 15 年

ビル外壁の木質化

No: 28-1/ Location: Minato-ku, Tokyo/Completion: 2011

木質外装を使いたい。

当初は内装だけに木材を使う予定が、設計途中で配管が外にでることがわかり目隠しが必要になったことにより、外壁の木質化に至った物件である。海外では公共建築物の外装に木材が大胆に使われていることに比べ、木の文化の日本の近代建物が無機質であることから、木製外装を使いたい、また木材は外観上優しい印象を与えるという設計士の思いから、杉の外装材の検討が始まった。杉をサーモウッド処理することで木材を外に使う場合の課題を克服した。また、塗装はせず、経年変化により色が変わることで建物の味をだしていくという考えである。今後、国内でも木製外装の認知度が徐々に上がっていく期待がある。

No: 28-2/ Location: Nishi-ku, Osaka/Completion: 2010

この木質化のデータ（左）

主な使用材種：杉・桧
施工面積：390 ㎡
材料費：￥6,840,000
施工費：￥26,000,000
物件所在地：大阪市西区
納材者：越井木材工業㈱、大阪府森林組合
設計者：河合事務局
施工者：㈱大林組
竣工年：平成 22 年

この木質化のデータ（上）

主な使用材種：杉
施工面積：1,750 ㎡
材料費：￥17,110,000
施工費：￥8,500,000
物件所在地：東京都港区
納材者：越井木材工業㈱
設計者：株式会社 日建設計
施工者：フジタ・岡建・勝美 建設協同企業体
竣工年：平成 23 年

木の実物大サンプル

大阪木材会館では、色々な木材の張り方での温熱データの取得（当改修は既存建物の外壁木質化によるヒートアイランド現象緩和の調査を目的としている）と、今後色々な人にいわば“実物大サンプルのパレット”として活用することを目的として、7種の形式で木材を貼る施しをしている。パネル化により取付作業を効率化し、下地の適切な割付によりパネル標準化率を高め、下地をレール状の部材として調整の容易さと下地精度の確保を両立している。

木造のコンビニエンスストアー

No: 29/ Location: Minamiaso-mura, Kumamoto/ Completion: 2007

この木質化のデータ

主な使用材種：杉・桧
施工面積：228.4 ㎡
物件所在地：熊本県南阿蘇村
設計者：㈱中央綜合建築事務所
施工者：㈱木村建設
竣工年：平成19年

訪れる人の興味と癒し空間。

日本で二番目に木造でつくられたコンビニエンスストアーである。従来のコンビニエンスストアー特有な画一的にパターン化されたものと違って、特別な工法・金物を使用しない在来工法での設計により全体的に和やかなイメージで、店内に入ると木の香が漂ってゆったりとした新鮮な印象を受ける。

柔らかな照明やバリアフリーへの配慮など、人や体に優しい塗料の選択などもあいまって、近くの名水百選の白川水源の湧き水や一心行の桜等の観光地にあっていて、不特定多数に対する木造、木質に対する普及啓発活動が期待される。

木造での建設は、森と緑の豊かな熊本県内有数の観光地の景観に配慮することから計画され、今では、すっかり大自然に溶け込み、めずらしい木造コンビニエンスストアーとして訪れる人の興味と癒しの空間を提供している。

阿蘇の風景に溶け込んだ外観。

あらわしの小屋組みに癒される店内。

写真上 / プラットフォーム：駅の改札口を廃止し、四万十桧のデッキ材を配置し、待合室の床面積を実質的に拡大させ、駅ならではの「見送る／出会う」空間を演出している。

写真下 / 待合室：四万十桧材の家具や、四万十桧の特色である赤みを活用した間接照明で、人々を包み込む安全・安心な駅空間を演出している。、

公共に木材を 2

No: 30/ Location: Shimanto-shi, Kochi/ Completion: 2010

公共空間だからこそ、地場の誇りを。

高知県西南市・四万十川の畔にある築40年のRC造駅舎をもつ鉄道駅「土佐くろしお鉄道中村駅」のリノベーションである。

公共交通や地方都市を取り巻く現状に鑑み、次の世代の身の丈にあったデザインを、利用者の視点で目指した木質化物件である。

建築面積を増やさずに実質空間を拡大するために改札口を撤去し、プラットフォームの一部を待合スペースに改装したもので、四万十桧をバランス良く使用している。

また利用者の肌色がより美しく見える照明演出をこの材で施し、この中村駅にしかない空間を創造したと言える。

地元の誇りである四万十桧の新しい使用方法として、素晴らしい木質化事例であり、デザインも秀逸である。

この木質化のデータ

主な使用材種：
（コンコース床面）桧デッキ材、リブ付き
（待合室床面）桧材フローリング
（待合室家具：机）桧集成材
（待合室家具：ベンチ）桧積層材
（プラットホーム家具：ベンチ）桧デッキ材
（プラットホーム家具：縁側ベンチ）桧集成材
物件所在地：高知県四万十市「土佐くろしお鉄道中村駅」内
設計者：nextstations
施工製作者：佐竹建設
竣工年：平成22年

PHOTOS: nextstations

街の第一印象を決めるコンコースの床面などにも、木材を使用している。

利用者が少ない駅舎だからこそ、実現可能な新しい駅のサービスとして、勉強机＋ベンチを提供することができたと言える。

地球と家族に
やさしい住まい

No: 31/ Location: Iida-shi, Nagano/ Completion: 2010

スキップフロアの部屋から眺めた景色。子供部屋のロフトにある小窓を通じて、開放的なリビングからはいつでも家族の声が聞こえてくる。吹き抜けに配置された松の丸太にはブランコが取り付けてあり、子供たちの笑顔が絶えない。

この木質化のデータ

主な使用材種：桧、杉、米松
施工面積：300 m^2
材料費：￥8,000,000
施工費：￥40,000,000
物件所在地：長野県飯田市
設計者：㈲長谷部創建
施工者：㈲長谷部創建
竣工年：平成22年

リビングとつながっている和室。黒く塗られた丸太と建具によって雰囲気の良い古民家調の仕上がりになっている。

要所にスキップフロアの部屋を配置することにより、開放的な空間を作ることができる。また１階部分にはスキップ納戸もあり収納スペースも確保することができる。

COLUMN：目からウロコの木材知識⑥

漆器の英語は“japan”！

陶磁器は英語で“china”ですが、漆器は“japan”と呼ばれています。漆器は、木や紙で作った素地に漆を塗り重ねて作る工芸品です。漆は、ウルシ科ウルシ属植物の樹皮を切りつけて採集する樹脂で、加工して塗料などとして用いられます。ウルシは、英語でjapan または japanese lacquer と呼ばれます。欧米からみても、日本は樹や木の文化と考えられているのでしょう。

家族の思いが詰まった大切な家

　夏暑い住まい、冬寒い住まいでは疲れた体、心を休めることはできない。

　次世代省エネルギー基準をクリアする断熱性能住宅を建築することにより、地球と家族にやさしい住まいづくりに一歩近づくことができる。

　その考えからこの住まいは提案された。

　家族のパブリックスペースであるリビングでは、大きな丸太柱や無垢板がぬくもりとやすらぎを感じさせてくれる。

　子供部屋のロフトから小窓をのぞけば開放的で、遊び心にあふれた空間が広がる。

　フロアには無垢の杉圧密材、天井には杉板を使用。内装仕上げ材には消臭・調湿機能に優れたマグマセラミックス素材を使用した木造住宅である。

上 モニュメントの全体像/モニュメントの全体像。スリット加工や帯鋸目加工などの表面の陰影が美しい。

下 建物外観からの夜の姿/建物外観からの夜の姿。遠距離からでも、その存在感は素晴らしい。

木のモニュメント

No: 32/ Location: Kishiwada-shi,Osaka/ Completion: 2011

この木質化のデータ

主な使用材種：
化粧材：すべて杉（吉野杉・宍粟杉・京都府産・紀州材）
背板：シナベニヤ
材料・施工込みの金額：約￥350,000
物件所在地：大阪府岸和田市
納材者：㈱瓦野 他
設計者：㈱瓦野 他
施工者：㈱瓦野 他
竣工年：平成23年

SUGI of Surface（表面としての杉）の存在感

企業のエントラスのモニュメントである。

近畿圏の各地の杉板をランダムに配置し、その色合いや仕上げ・加工に変化をもたらしている。特出しているものは杉のスリットであり、これは京都大学生存圏研究所川井教授・大阪府環境農林水産総合研究所・（有）ホームアイの産官学の共同研究による開発である。このスリット加工の利点は、杉の優れた空気の浄化作用能力を木口面に施すことにより、杉の仮道管の露出面積をＵＰさせ、最大限に引出すことである。その効果の一例としては「ホルムアルデヒド濃度５０％減」や「二酸化窒素約７８％減」などの科学的なデータがあり、その他にも木の調湿効果、温度調節効果、またそれによるダニやウイルスの抑止効果が期待できるものである。また、このモニュメントは企業の所在地が岸和田ということもあり、だんじりの彫刻にも用いられている「昇り龍」をデフォルメした形状である。

下部のライン（彫り込み）と杉のスリット加工部、上部のスリット加工部とライン（一部彫り込み）が「躍動する龍」を表現し、上部にある円が「玉」を表現している。平面的な形状だが、その存在感が秀逸な作品といえる。

無垢柾板のキッチン

No. 33/ Product design

吉野檜（ヒノキ）の柾板を使用したアイランド型キッチン。まっすぐな美しい柾目を活かすことで、すっきりと上品なスタイルにした。

上質な木材でつくる家具

世界遺産の聖地、吉野には百年以上も前に先人達により植えられた檜（ヒノキ）の大木が育つ美しい森がある。そこから伐り出された吉野檜は、年輪幅が適度に細かくそろい、色つや、手触り、香りの良さなど、生活を彩り豊かにする上質な風合いを持っている。私たちの暮らしと深く関わる「見える部分」に使うことで、美しさや豊かさや快適さが感じられる素材である。

その吉野檜の大木からとれる無垢の柾板を、扉、引き出し、サイドパネルなどに、見えるように使用し、製作したシステムキッチンである。

引き出しはプッシュオープン式で取っ手のないデザイン。

この木質化のデータ

主な使用材種：吉野産桧
納材者：坂本林業
設計者：横内敏人
施工者：坂本林業

アパートに新提案

No: 34/ Location: Minoh-shi, Osaka/ Completion: 2011

木質化で再生、すべてが満室に。

「うわー　すごくいい木のおうちが出来たー、こんなところに住みたいなー」。現場の前を通る小学生が、元気な声で帰っていく。

この建物は、大阪府箕面市牧落に位置し、築34年の鉄骨ブロック造で建てられている。さすがに改装前は10戸中4件しか入居者がなく、施主は建て替えの検討も考えられていた。

現在全国に余っている住戸は約700万戸といわれており、約4700万の世帯数に対して約5400万戸が流通している。また、多くの建物は耐用年数を迎える前に、耐震強度不足、設備機器の劣化、構造的な不具合等により取り壊されている。しかもそれらの多くに石油化学製品でできた建材を使い、解体後の廃棄物処理も問題となっている。

この取り組みは、建築における「スクラップアンドビルド」に疑問を投げかけ、その一つの解決策として考えた事例である。

この集合住宅の提案者は普段、本当の100年住宅を建てる取り組みをしている、(基礎がコンクリートでできているため100年しかもたない、上部木造構造はまだまだ使える) 金物を使わない木造軸組みを用い、内装には自然素材だけを用いて、石膏ボード

照明や建具においても現代的な感覚でシンプルにまとめられ、木質の美しさを際立たせている。

リフォーム前の室内

及びクロス等は一切使わない「平成の民家」という建物づくりの活動を行っている。木の良さを施主に理解してもらい、建てさせてもらっているので、今回の集合住宅を改装するに当たっては、だれがどこから見ても、鉄骨を感じさせない完全なる木質化を意匠面からもコスト面においても実現することが求められたという。

改装前の建物の仕上げは、外壁はブロック下地の上にモルタル塗りリシン吹付仕上げで、一部タイルが使われていた。内部は木造で軸組がされており、2DKの間取りで和室が二部屋とられていた一般的なものであった。

この建物を完全に木質化するために、外壁、内装、廊下手すり、バルコニー等すべて木材で覆いつくすことになり、今回の木質化に使用された材料は54立米の材木が使われている。外壁には既存下地の上に下地を組み松板を貼り、外壁を保護するために庇を取り付け、既存パラペットにて庇を作っている。住戸内部は既存をすべて解体し、床には檜、壁は松、天井は杉とすべて木材により仕上げられており、間仕切りのブロックを取り除くことにより全体で70トンの軽量化がなされ耐震性能も上がっている。廊下の手すりも、手すり子は取り除き、手すりは木で囲い、内部に木で組まれたパネルを取り付け、外観の木質化に大きく貢献している。

提案者いわく、ここまですると一般消費者に受け入れられるのか心配もしたが、完成までにほぼ入居者が決まり、現在満室の状態とのことである。

これまで、いろいろな方の住宅を建ててきた提案者は、昔の人たちは幼いころに木造の家に住み、木材の良さ、あたたかさを感じる機会があり、理解していた人たちであったが、それが現代においてはどうだろうか。子供のころから都会でマンション等に住まう中においては、木材に触れる機会もなく、良い素材だと教えられても、最終的に木造の家に住みたいという人は少ないように思われる。今回の集合住宅の改装によって、より多くの人が木に触れ、違いを感じられる機会に恵まれ、その中から木造住宅に住み移る人があらわれることを期待している。

誰がどこから見ても鉄骨造であることを感じさせない、木材で覆いつくされた空間。床には檜、壁は松、天井は杉が用いられている。

この木質化のデータ

主な使用材種：外壁 / 米松 床 / 檜　壁 / 米松 天井 / 杉
材料費：￥11,500,000
施工費：￥13,500,000
物件所在地：大阪府箕面市
設計者：あす建築事務所 名張アトリエ
施工者：藤木工務店
竣工年：平成23年

栗材の空間

No: 35/ Location: Kunitachi-shi,Tokyo/ Completion: 2000

写真左 / 鏡台は、一日一回は必ず手入れを行う所、神聖な場所、このテーブルが自然界の森林の中で、身も心もリセット出来る空間をイメージしたものである。

写真上 / 床材は、栗のフローリングを使用。

COLUMN：目からウロコの木材知識⑦

桶には柾目板！樽には板目板！

例えば、風呂桶、寿司桶、酒樽、醤油樽などを想像して下さい。桶と樽はどちらも液体を入れる容器ですが、桶は短期、樽は長期の液体保管に用います。さて、木材は、柾目板に比べ板目板の方が吸水や乾燥による幅方向の伸び縮みが約２倍程度大きいのです。そこで、桶の部材には、乾燥した時に板が収縮してバラバラにならないように、寸法変化の少ない柾目板を使います。一方、樽の部分には、長期に液体が漏れないように、板が膨張して隙間が閉まりやすい板目板を使います。

台所、この一目を引くのが栗材のカウンター、長さ約３Ｍ材。この自然の曲線が原木、すなわち自然素材を表現している。

この木質化のデータ

主な使用材種：本栗
材料費：￥20,000/ 坪
施工費：￥23,500/ 坪
物件所在地：東京都国立市
納材者：㈱中球磨木材
竣工年：平成12年

九州、栗の天然木。

この住宅は、東京都国立市の改修工事で、床材を九州の球磨産材 栗フローリングを使用したものである。

この栗の特徴として、タンニンが多く含まれていて、水に強く腐れにくい、そして全国的にも東日本・西日本と分布しているが、特に、九州の栗は光沢があり色・ツヤがあるということで好まれている。塗装もこだわっていて、自然塗装 オイル２回・蜜蝋WAX１回、計３回の工程で仕上げている。

この、九州の栗材をこだわって使用された背景には、色・ツヤもあるが、九州中央山地の天然林から全く植林していない天然木というところから、この栗が他と違うという所に意味があるのであろう。

東京の大都会にこうして天然木材をふんだんに使用した住宅、なんとも幸せな空間である。

子供の ２ 段ベッド、ツリーハウス的な自然の中で、おやすみをイメージ。

建物東面を見る/シンプルな形態が漆喰・木・いぶし瓦という組み合わせの美しさを際立たせる。

広い吹き抜けの空間に御柱が並ぶ/ 家を支える“御柱”は一家の日常の一部となり、味わいをましていくことだろう。

木組みの迫力、御柱

No: 36/ Location: Tsu-shi, Mie/ Completion: 2012

この木質化のデータ

主な使用材種：杉・桧（三重県産）
材料費：￥5,000,000
施工費：￥28,000,000
物件所在地：三重県津市
納材者：紀平木材 有限会社
設計者：ＳＳＤ建築士事務所 瀬古智史
施工者：川北建築
竣工年：平成 24 年

自然を素朴に味わう

「御柱いぶしの舎」と名付けられたこの住宅は、伝統的な構法による木組み・土壁の家、その姿は隣地の竹林と調和し、どっしりと構える。

○○風ではない本物の家を望まれ、味わい深い質感を特に好まれる施主様の要望をくみ、本物の自然素材の美しい風合いを素朴に味わえることに重点をおいて設計された。

ほぼ全ての部材に地元の木である三重県産の杉・桧が用いられており、大工の手刻みによる木組みは圧倒的な信頼感を与える。

そしてその木組みの中心として“御柱”（自然にそう呼ばれるようになった）が5本建てられた。この柱は、元株で直径50ｃｍもの太さがあり、最下部から最上部まで5メートルの長さがある杉の八角柱で、その特異な形状のため加工には大工の高い技術が必要であったが、見事に組みあがったその力強さは見るものを圧倒する。

外観はシンプルな切り妻屋根の形をしており、漆喰・柱・いぶし瓦という組み合わせの美しさが際立つ。

メインルームであるLDKまわりの壁は、藁スサをあらわしとした黒く荒々しい土壁とし、その表情と対比させるように他の室内壁は全て清楚な漆喰塗りとなっている。

和室 / 丸太の梁が直線的な室内に潤いを与える。

施主様が選ばれた飾り気のないシンプルな物達が木組み土壁の空間に調和する。

味わい深いインテリア

裸電球・手作りの薪ストーブ・壁掛け時計・時代箪笥・木組みの家具…。この住宅に用いられた物たちは、その道の職人が手間暇作った上質な物である。

時と共に魅力を増す味わい深いインテリアを求める場合、このような物には十分こだわるべきであろう。そしてそれらは本物で造られた空間に存在することで美しさを十分に発揮する。

このようなインテリアを生み出せる力は、その根底として「木組み土壁の家である」ということが大きいだろう。

火の見える生活。暮らしの原点を見つめなおす住まい。

ロフトより吹き抜けを見下ろす / ボルトなどに頼らず組み上げる伝統的な大工技術をそのまま見ることができる。

名栗のデザイン

No: 37/ Location: Takarazuka-shi, Hyogo/ Completion: 2011

1. 駒寄のサンプル写真。駒寄とは京都では馬を寄せ付けないように設けた柵の事である。同じ用途として犬矢来[いぬやらい]がある。

2. 木口面に雨など水分が付着するとそこから腐る場合が多い。良く似た材としてタモ材があるが、耐久年数を比較すると数倍以上の差があると言われている。

3. 敷地内側は劣化していないためそのまま使用する。小門扉と門の控え柱。

4.5. ちょうなや突き鑿、どちらも使う場合が多く、奈良では突き鑿が多く見受けられる。

6.7. 突き鑿を使用。一般的に用いられる竹縁の柄。

名栗とは角材や板に「突き鑿」や「ちょうな」、「与岐」などで独特の削り痕を残す表面加工の事を言い、古来から日本建築において門扉等の門材や垣、濡縁、腰板などに使われ、特に数寄屋建築においては欠かせない存在であった。

また洋式の建物においても古くからルーバーや棟木、廻縁などに取り入れられるようになり、昨今では店舗内装での使用にも注目を集めている。

元来、山から丸太を運搬する際に虫に食われないよう皮やシラタを削っていく加工から派生したものと考えられ、名栗と言う名前の由来は天保年間、丹波の杣職人（きこり）が六角の柱に施された栗材に削った柄が格好良いとされ、ゴロ合わせもあって呼ばれるようになった説がある。ただし奈良時代にはすでにちょうなによる仕上げはあったとされており、いつの時代からこういった化粧としての仕上げが用いられるようになったかは良く分かっていない。

今でも頻繁に目にするのは京都や奈良といった昔ながらの町並みが残る場所であり、京都の町屋では駒寄として使われる六角名栗がポピュラーではないだろうか。（写真①）また日本家屋が立ち並ぶ場所には意外と名栗を見かけることが多い。材は栗を使用することが多く、その木目は上質で、最大の特徴は水や虫に強いこと。外部で使う場合の耐久年数は他種を圧倒しておりそれゆえ最強の木材と言っても過言ではない。

今回紹介する施行事例は改築に伴う玄関の垣と濡縁の名栗である。上記記載の通り、雨にあたる所で栗材を使っている。80年経っていても原型をとどめている以前の名栗を見るとその耐久性が良く分かる。（写真②・③）

六角に製材した後に突き鑿で丁寧に一定のリズムでなぐっていく、一見均等に見えるが微妙な誤差は生じている。その微妙な誤差がさらに自然な風合いを醸し出し日本人の感性をくすぐるのではないだろうか。（写真④・⑤）これは美的感覚に訴える使い方であり、敷地内に使用の竹縁（濡縁）は触り心地も味わえ、休日の日向ぼっこや、お酒を一杯ひっかけるのに最適な場所の演出を醸し出す。（写真⑥・⑦）

また昨今、その陰影の美しさから店舗内装にも積極的に取り入れられるようになった名栗加工。橘商店では2000-年頃より突き鑿やちょうなでは施せなかった樹種や短期納材へ対応するために新たな名栗加工（京風名栗加工）を提案している。純然たる名栗加工とは異なるが、住宅、店舗内装に新たなテクスチャーとしての可能性を感じる名栗である。

この木質化のデータ

主な使用材種/栗・タモ（写真8～11）

材料費：

●写真4～7

垣・竹縁（栗材）設計価格：¥400,000(施工費を含む)

●写真8　材(タモ材)・名栗加工賃：¥120,000

●写真9　栗フローリング材（1820×90×15 ユニタイプ）

材・名栗加工賃：¥41,500/坪

●写真10　名栗のベンチ(栗材)：¥49,000

●写真11　壁面名栗（タモ材）　材・名栗加工賃：

¥260,000

物件所在地：

●写真1～7　兵庫県宝塚市

納材者：

●写真1・写真4～11　㈲橘商店

施工者：

●写真4～7　ショッパーズ(大工)

竣工年：

●写真4～7 平成23年

8. ライトアップすることでより一層の陰影を引き立てる効果があり単純な景観が艶やかなフォーカルポイントへと演出される。

9. 名栗による凹凸が素足に心地よい感覚をもたらし朝・昼・晩で陰影による違った表情が演出できる。

10. ベンチに使用することで竹縁と同じ効果をもたらせ程よく気持ちの良い肌触りと、異素材と合わせることで和モダン且つクールさを醸し出している。

11.

新築に古材をつかう

No: 38/ Location: Yame-shi, Fukuoka/ Completion: 2003

「古材」を「古財」として活かしたい。

私たちの住まう家とは本来どうあるべきだろうか。家づくりに関わるものとして自問自答の日々である。

この悩みをかかえる設計者は、この物件において、日本人の古き良きものを活かす「もったいない」の精神を再認識する上でも、古民家の「古材」を「古財」として活かしたいと考え古材を取り入れた。再利用することによって環境にも優しい家として生まれ変われることを提案したのである。

先人たちの培ってきた古民家はまさに「木」の特性をうまく生かした造りが施され、屋根を支える梁には「松」の木が、そして家の中心に大きな大黒柱として「欅」の木が使われているなど、見る者を魅了する。

古材には先人たちが想いを込めて削った「チョウナ」の跡が、長い年月を経て良い風合いとして残っている。天井板には、「ベンガラ」に「柿渋」を施した赤茶色の松板をそのまま使用し、壁は小舞いで編み土壁を塗り、「漆喰」仕上げによって調湿を期待することができる。

新しい木と古材が融合し、お互いの木材が時を超えて作り出す空間は、新しい居住空間となり、新しい家づくりになる。そして、活かせる資財は活かすことで環境に良い家づくりに貢献している。

COLUMN：目からウロコの木材知識⑧

割箸一膳でティッシュペーパは何枚作れる？

木材は、セルロース（約50%）、ヘミセルロース、リグニンと呼ばれる成分からできています。木材からセルロースだけを抽出したものをパルプと呼び、これが紙の原料となります。製紙の歩留まりを100%とすると、割箸一膳の約半分（割箸1本分:セルロース分）と同じ重さの紙が生産されることになります。割箸1本の重さを量ってみて下さい。………割箸一膳で作れるティッシュペーパは2枚程度でしょう。

この木質化のデータ

主な使用材種：松
施工面積：60㎡
材料費：￥1,300,000
施工費：￥900,000
物件所在地：福岡県八女市
納材者：山口製材所
施工者：井上建築
竣工年：平成15年

1. 自然素材が醸し出す風景/この住宅の全容が山間に良く映える。
2. 先人の知恵/先人の知恵が随所に見られる。木組みと漆喰の融合も素晴らしい。
3. 玄関には昔の風景が/ベンガラと柿渋塗の天井の色合いが古き良き日本を感じさせる。
4. 居間から見上げる吹き抜け/バランスの良い、古材と新材の共存。

通り沿い面から/地元の保育園の園児送迎バスの停留所になっている。近隣の散歩の方の休憩場所にも。

この木質化のデータ
主な使用材種：杉
施工面積：23.26 ㎡
材料費：¥1,022,832
施工費：¥1,776,000
物件所在地：福岡県朝倉郡
納材者：杉岡製材所・長沢製材所
設計者：長谷部栄二二級建築事務所
施工者：北原工務店
竣工年：平成 22 年

伝統構法による東屋

No: 39/ Location: Asakura-gun, Fukuoka/Completion: 2010

木が見える、直に触れる建物。

現代の木造建築は柱などをボード類で包んでしまい、住んでいる人が木材に直接触れる機会が少なくなっている。実際に柱・梁・桁・を見、椅子に触れ、木の持つ力強さや柔らかさを感じてもらう為、この東屋は建築された。

若い棟梁へ託されたのは「100年保つように」の一言。会社の敷地を一般に開放する為、10㎡という非常に限られたスペースでの計画である。

地元の杉材は、実際に自分たちの目で確かめたものを使用し、十分に天然乾燥された太い柱や梁を使用している。また金物などを極力使用せず、大工職人が手刻みし、丁寧に組み上げたパブリック的な建築物である。

完成後は、散歩の休憩場所、園児バスの停留所、会社の展示会でのイベント（構造材の名称クイズ）や社内の懇親会などで活用されている。また夜間はライトアップもされており、昼間とは別の雰囲気を出している。

剥き出しの梁や桁を見ることができる。木造住宅の構造を最小規模ながら全て備えており、材木の使う場所が分らない新人への教材としても使われる。

座る場所は杉板を敷いている。湿度によって木が膨らんだり、透いたりする変化で、木が呼吸することを目で確かめることができる。中央の机は囲炉裏になっており暖を取ることも。

ファサードの様子。
“ひのき” の色とブリックタイルの白色とのコントラストが美しい。

“ひのき”という素材のdesign

No: 40/ Location: Kita-ku, Osaka/ Completion: 2011

店舗内装の様子。“ひのき” のブロックが、まるでビスケットのように見える。
また Chair・Table のデザインや配置が秀逸である。

この木質化のデータ

主な使用材種：桧
●内装壁面材
フローリングを圧着ブロック加工
（100×100）
／尾鷲桧、艶消しクリアー塗装仕上
物件所在地：大阪市北区梅田「ルクア大阪」
Ｂ１
納材者：（株）グリーンマム
設計者：（株）リックデザイン
施工製作者：（株）阪急製作所
竣工年：平成 23 年

ファサードの様子。
"ひのき" のブロック壁面に陰影がある。

廃棄される材料の可能性。

ＪＲ大阪駅の改修工事とともに併設されたテナントビル「LUCUA ASAKA」内の店舗「Soup Stock Tokyo ルクア大阪店」の内装物件である。設計者の話から「オーナーは、店舗を通じて社会に貢献できることをいつも考えられており、限りある資源を未来へつなぐことを重要視されている。」このようなオーナーの思いが重なって生まれたのが、この店舗とのことである。

壁面に使用している木材は、"尾鷲ひのき"のＢ級品のフローリング材で、高級な尾鷲産木材でありながら僅かな欠点により、フローリング材として使用されず廃棄される材料を集積しブロック状に加工して使用している。木材のカスケード（段階的）利用の一つの方法であり、デザイン・コンセプトともにすばらしい活用といえる。

壁面からの優しい"ひのき"の香りと、食事を楽しむ方々の姿を想像させられる。

爽やかな空間を

No: 41/ Location: Toyohashi-shi, Aichi/ Completion: 2006

白紙から設計

この注文住宅は、決まったプランからの変更ではなく、白紙の状態から建築主の希望を伺い設計しているものであり、桧材を専門に製材されている材木屋を中心としたプロ集団の物件である。

部屋の広さ、水まわりの位置まで自由に考えることができ、ライフスタイルや個性に合ったこだわりの住まいをつくることが可能であり、建築主の希望条件に合った土地をさがし、契約後は、プロ集団内の一級建築士が間取り・内装・インテリアなどを建築主との共同作業で決めていくというのが特色のようだ。

それによって、建築主それぞれに合わせた家づくりが可能となり、専門担当者が個別に打ち合わせを重ね、予算面も含めた設計・仕様の練り直しを行い、家づくりを進めていくという、安心さがある。

プロ集団「ひのき座」とは

愛知県の桧柱を専門に製材している材木屋が中心となり、「ハンドメイドのひのき住宅」を、リーズナブルな価格で提供することを目的に組織したプロ集団で、地元産桧材を直接仕入れて供給することにより、安価にて末端ユーザー（建築主）に提供すると共に、建築・不動産のプロ集団が情報提供し技術支援することで、建築主のニーズを具現化することができ、そして、施工は地元の大工が手掛ける。また、幅広い専門家ネットワークを生かし、融資問題や税金問題、法律問題など、ユーザーの「お悩み解決隊」として、住宅に関する疑問点や不安点などのフォローもしているという。

この木質化のデータ

主な使用材種：桧
材料費：●写真左上下（手洗いつきシューズケース）¥300,000
●写真右（リビング）¥300,000
物件所在地：愛知県豊橋市
納材者：丸信木材㈱
竣工年：平成18年

建物と林を繋ぐ

No: 42/ Location: Nishinomiya-shi, Hyogo/ Completion: 2008

自然に溶け込む木製デッキ

この木製デッキをもつ住宅は高台に位置し、その裏庭からは遠く兵庫の海まで望むことができる。また、その裏庭は20坪ほどの平地で、そこから先は下の道路まで下る傾斜地の林となっている。

この木質化は、裏の林をそのまま利用する形で自然の斜面に沿わせた木製の階段とデッキを配置し、建物と自然を結ぶことを実現させたものである。

建物から裏庭を眺めた時の自然な繋がりが美しく、林に一体化した木製のデッキ・階段は、年数が経つにつれより一層味わい深いものとなっている。

この木質化のデータ

物件所在地：兵庫県西宮市
納材・施工者：越井木材工業㈱
設計者：セキスイエクステリア ザ・シーズンL＆G千里中央
北川晋也
竣工年：平成20年

木材と自然食

No: 43/ Location: Machida-shi, Tokyo/ Completion: 2009

手作り感覚にこだわった空間

自然食品を扱う店舗で、単に自然食品を販売するだけでなく、オーナーは地産地消の推進や食育セミナーの開催等の活動なども行っている。

木材ならではの手作り感覚にこだわり、木材のもつ「やわらかさ」「暖かさ」という魅力を引き出し、親しみやすい空間演出をコンセプトとした店舗である。

店内空間のアクセントとして秋田で100年程前から使われていた雪囲いの古材（杉）を使用し、全体の雰囲気を合わせるためにカウンター等はシルバー系のステインを使用しながら、うづくり加工を施し、木材の存在感をあらわした。同様に什器にも、ボリューム感をあらわすため杉の足場材を使用した。床材は複層フローリングであるが、突板が厚く木目が美しいものを使用し、表面はクリヤー艶消しのウレタン塗装とした。とのことである。

まるで食育と木育の相互効果を提案するような「木質化空間」といえる。

この木質化のデータ

主な使用材種：

●内装材（キッチン化粧板）/ 秋田県産杉古材、ステイン染色。（雪囲いに使用していたもの）

●内装材（カウンター天板）/ 国産杉材足場板、うづくり仕上、ステイン染色。

●内装材（床面）/ オーク材複層フローリング t =15mm、ウレタン塗装仕上。

●内蔵材（壁面）/ 国産スギ材羽目板（横貼り）

物件所在地：東京都町田市「Green Market」

納材者：㈱マルダイ

設計者：KIJIMUN design studio（川村洋人）

施工制作者：相馬工芸

竣工年：平成21年

内部にランダムに配置された杉間伐材のリボン。

和紙を透過させると美しい陰影が生まれる。

木材とひかりの共演

No: 44/ Product design

間伐材を利用した屏風

「KASUMI 屏風」という名称の、和紙の間に杉間伐材のスライスリボンを配置した屏風である。

フレームは集成材で構成され、表面には和紙が貼られており、その内部に幅30mm・厚み0.5mmの杉間伐材のリボンを巻いたものを、いくつもランダムに配置している。光が当たらない場合は、表面は白い和紙にしか見えないが、光を受けると、美しい陰影と模様が浮かび上がるというもので、不思議な奥行きを感じさせる。

この木質化のデータ

主な使用材種：
- ●本体フレーム / 集成材
- ●パネル / 杉間伐材スライスリボン
- ●外形寸法 / W 520×D 70×H 1050mm（折畳時）W 1040×D 35×H 1050mm

30mm 幅・t =0.5mm＋和紙（両面）

設計者 : Masahiro Minami Design

施工製作者 : 片岡屏風店

いくら掛かるの？木質化

部屋別にコストの目安を知る。

※表示金額は、標準的なクロスと新建材での施工と、無垢材での施工との差額を示したおおよそのものです。
画像の仕様で詳細に積算したものではありません。

「無垢の木って高いんでしょ」貼りものの新建材やクロスに比べたら、金額的には高くなりますよ。でも木材も色々、お値打ちなものから高級材まで予算に合わせて選べます。

耐久性能と経年による、味わい・愛着等の増加効果を考えれば、大量消費・廃棄型建材よりずっとお得ですし、心にも温かいですね。

リビング 14帖

木質化のポイント！
- 杉の天井板
- 杉の腰壁
- 桧の床板

無垢材の落ち着き、質感、肌触り…。
大切なお客様との心地良い時間は、無垢材を五感で感じて頂くことからはじまります。
さあ、あなたも上質な無垢の木の世界へ。

和室 8帖

木質化のポイント！
- 杉の天井板
- 杉の鴨居
- 杉の長押
- 杉の床柱

床の間に床柱、そして天井板。
本物を使うと、部屋の空気もピンと引き締まった様に感じられます。日本的なものに興味のある方には和の空間は欠かせませんよね。

子供部屋
6帖

木質化のポイント！
- 杉の天井板
- 杉の腰壁
- 杉の床板

子どもたちの空間にこそ、無垢の木を使いたいものですね。優しい木のぬくもり、すばらしい木の特性。昔そうだった様に、最近の学校等の空間には積極的に木が求められています。

トイレ
1帖

木質化のポイント！
- 杉の天井板
- 杉の壁板
- 桧の床板

木材の殺菌作用・消臭効果がトイレを清潔に保ってくれます。「トイレの床に木？」って思う方も多いですが、水に強い材なら、ビニールよりも断然衛生的。

浴室
2帖

木質化のポイント！
- 桧の天井板
- 桧（節有）の腰板

桧やサワラ、コウヤマキでお風呂の壁だけ木質化するのであれば意外に安価。ハーフユニットにすれば、水への心配もありません。

床板の種類・コストを知る。

インテリアの大きな要素である床材の種類は豊富です。日々の生活のなかで歩いたり座ったり、直接肌に触れる床板には、感触の心地よさにもこだわりたい所です。

8帖間の床 を木質化した場合

■一般的な価格を表示しています、実際の金額はグレード・品質・購入ルート等により大きく変動があります。
■施工費は別途必要です。

チーク
Teak

24万円

チークにしかないしっとりとした手触り、質感。有名な建物にも多く使われている言わずと知れた銘木。一枚物からフィンガージョイントまで、予算に合わせて産地・グレードも多種多様。

カリン
Karin

20万円

重厚な質感とゴージャスな色合い。
見た目の華やかさなら一押しの銘木。

アメリカンブラックチェリー
American Black Cherry

24万円

使い込んだときの色合いは何とも言えないものがあります。
他の銘木と迷うぐらい魅力的。

メープル
Maple

18万円

ボーリングのレーンやピンはこれですよ！
「明るく白い木の床」を目指すならオススメ。

ブラックウォルナット
Black Walnut

16万円

COOLですよね！
名前も長いけどかっこいいでしょ！
色合いも空間を引き締めるにはちょうど良いですよ。

オーク
Oak

14万円

カントリー調からシックな雰囲気までオールマイティーにこなす、床材では定番種のオーク。
使い込むほどに魅力が出てきますよ。

８畳間（４坪）でフローリングの張り手間が２～３万円必要です。
※下地材等は別途必要です。

樺

Birch

12 万円

落ち着きとやさしさ、そして木肌の緻密さ…。
上質な優しい空間にはこの床材がオススメ。

タモ

Japanese Ash

16 万円

木目が明瞭である点は着色するときの好条件。
導管 (木目の孔) だけを目立たせる「杢目出し」で着色したり、塗りの選択次第で仕上がりも多様。

ブナ

Beech

14 万円

ブナは子供のおもちゃや保育園の内装等にも頻繁に使われますよね、色合いにクセがなくやさしい感じ。
固めの木なので乱暴に扱っても安心、値段もお手ごろです。

栗

Japanese chestnut

14 万円

日本人が古くから付き合ってきた栗！
杉や桧よりもむしろ日本的な木なのでは？
独特の木目は美しく、いろいろな塗装でさらに深みのある質感へと仕上がります。塗装にもこだわる和の空間にはコレしかありません。

杉　節有

Japanese cedar

8 万円

足場板から高級天井板まで…これほど幅広い使われ方をする樹種ってあるの？
これからもどんどん使ってください、日本の山が元気になりますよ。

桧　節有

Hinoki cypress

14 万円

桧って聞くと「お高いのでは」って思う方が多いかもしれませんが、杉と同じで桧もピンキリ。
節があっても桧の効能は変わりません。

木材を使って地球温暖化対策

東京大学アジア生物資源環境研究センター准教授
井上雅文

奈良県出身。京都大学木質科学研究所助手、同生存圏研究所助手、東京大学アジア生物資源環境研究センター助教授を経て、2005年から現職。この間、内閣府総合科学技術会議上席政策調査官、森林・林業再生プラン国産材の加工・流通・利用検討委員会座長などを務める。専門は、環境材料設計学、木材加工学、バイオマス利用の持続可能性など。著書に、「ブルーバックス木材なんでも小辞典」「ウッディーライフを楽しむ101のヒント」「木力検定・木を学ぶ100問」など。

木を使っても良いんですか？

最近、ファミリーレストランやラーメン店など外食チェーンでプラスチック製の箸をよく目にするようになりました。箸の先端が加工されているものの、麺類などはツルツル滑って食べにくいものです。カレーうどんは最悪で、いつもワイシャツの胸元には黄色いシミが残って妻に叱られます。

業者にとっては経費節減の工夫でしょうから、消費者としては、商品を安く提供して戴くために仕方のないことかも知れません。ところが、「地球に配慮して木製の割箸を樹脂製に替えます」などと説明している業者もあります。ここでは、「木材利用＝森林伐採＝環境破壊」という誤った認識によって、木材利用が否定されています。このような宣伝に煽られ、消費者の中には、今でも「本当に木を使っても良いのだろうか？」と悩んでおられる方も多いようです。確かに、木材を利用するためには樹を伐採する必要があります。しかし、樹を伐採することが環境破壊なのでしょうか。割箸をやめて木材利用を減らすことが、本当に「森林保護」や「地球環境保全」につながるのでしょうか。

これまでの単純な『資源保護』に加え『環境』や『持続可能性』という新たな観点が一般的となった現在、問題はより複雑化しています。より柔軟な視点から物事を判断する必要があります。

本稿では、地球環境の観点から木材利用の本質を考えてみましょう。

地球環境保全における森と樹の役割

■地球の炭素循環

「石油、石炭などの化石燃料の大量使用」と「開発や火災による森林減少」によって大気中に放出される二酸化炭素などの温室効果ガスが地球温暖化の主な原因と考えられています。

地球温暖化を緩和するには、地球の炭素循環をコントロールすることが重要です。炭素は気体になったり固体になったりします。地球全体が保有する炭素の総量は一定ですので、気体として大気中に存在する炭素（主には二酸化炭素）の割合が増えること、すなわち、固体の炭素が少なくなることが、地球温暖化の原因となるのです。（図１）さて、地球の炭素循環における森林の役割は、主に①二酸化炭素の吸収固定②炭素の貯蔵の二つがあります。森林が伐採されて土地利用変化（その土地が他の目的に利用されたり、再植林されずに放置されること）が生じると、樹木などの森林植物による二酸化炭素の吸収が減少するばかりでなく、森林植物中や土壌中に貯蔵されていた気体の炭素が気体となって大気中に放出されることになります。

■樹木は二酸化炭素固定装置

樹木は、二酸化炭素（気体の炭素）が約1.5 kg、水が約300 kg、日射エネルギーが約3,760 kcal あれば、光合成によって、約1 kg の炭素化合物（ブドウ糖＝固体の炭素）を生産することができます。その際、副産物として約1 kg の酸素が空気中に放出されます。ただし、生産された糖の約半分は、樹木の呼吸によって消費されて二酸化炭素として放出されるので、実質的には、約0.75 kg の二酸化炭素量が固定されたことになります。これが幹、枝、根などになります。つまり、樹木とは「二酸化炭素固定装置」であり、木材とは「炭素のかたまり」なのです。（図２）

例えば、樹齢80年のスギ1本が一年間に吸収する二酸化炭素は約14 kgと試算されています。人が呼吸によって排出する二酸化炭素は年間約320 kgですから、23本のスギがこれを吸収してくれる計算になります。

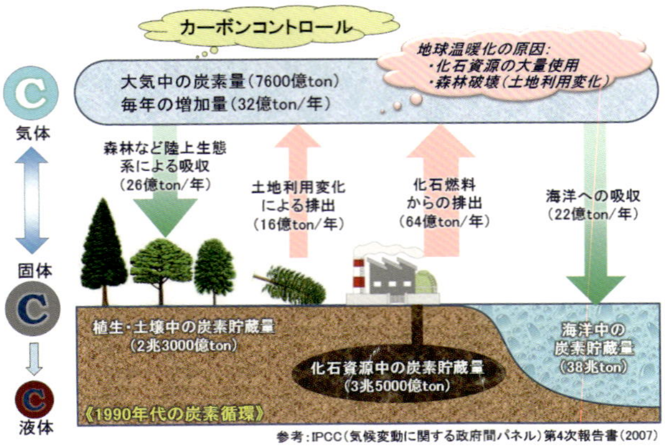

図１　地球の炭素循環

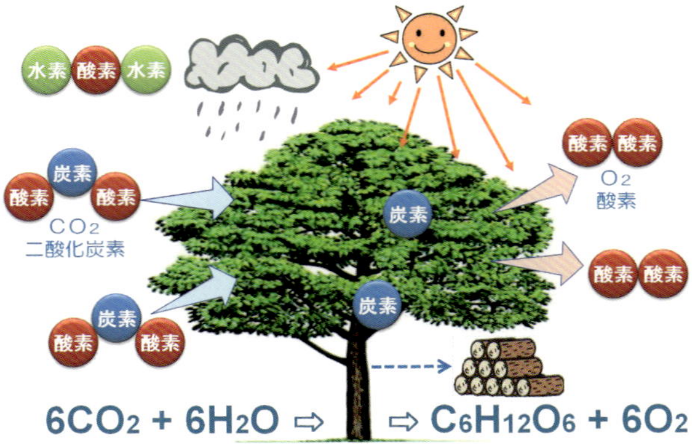

図２　木材は炭素のかたまり

世界と日本の森林事情

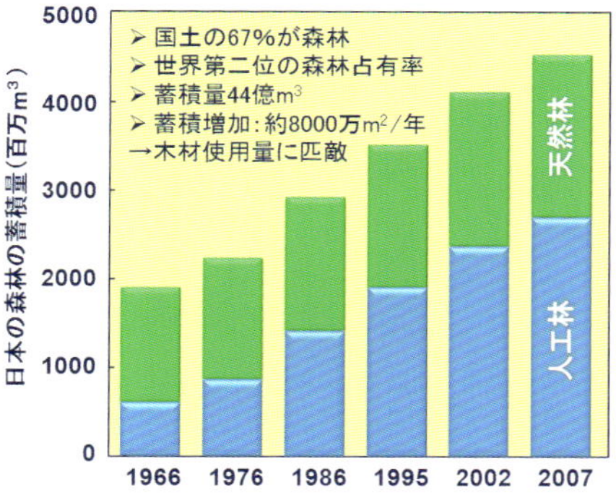

図３　日本の森林の蓄積増加

■世界の森林減少

世界の森林面積は、約40億haで、陸地の31％を占めていますが、農地化や都市化などの開発事業、商業伐採、自然災害によって減少を続けています。国連食糧農業機関（FAO）は、「2010年世界森林資源評価」において、2000年から2010年の間に、年間約1,300万haの森林が減少したと報告しています。（一部、新規植林によって増えている地域もあります）日本の森林面積は約2,510万haですから、二年間で日本の森林がすべて消滅するスピードで世界のどこかで森林が破壊されている計算になります。

……では、やはり森の樹を伐ることは良くないのでしょうか？

■日本の森林増加

日本の森林面積（約2,510万ha）は、国土面積（3,769万ha）の約67%を占めています。また、この面積は、過去40年間、ほとんど変わっていません。しかし、森林中の樹木の量を示す森林蓄積は、年々着実に増えています。特に、戦後の拡大造林で植林した人工林での蓄積増加が著しく、約５倍に増大しています。最近の森林蓄積の年間増加量は約8000万m^3と推定されています。（図３）

平成20年の日本の木材需要量は約7,952万m^3ですので、日本では、年間の森林蓄積の増加と需要量はほぼ均衡していることになります。すなわち、量的には、日本人が消費する木材をすべて国産材によって賄うことが出来るのです。

商業伐採を禁止して森林を保護し、再植林によって森林回復しなければならないのは、主に熱帯林などの外国の事情であり、日本としてもこれに協力する必要があるでしょう。しかし、世界と日本の森林事情を混同してはいけません。森林の多面的機能を維持する観点からも、日本は、外材への依存を縮小し、日本の森林を活かすべき時代なのです。

樹を伐ることは環境破壊なの？

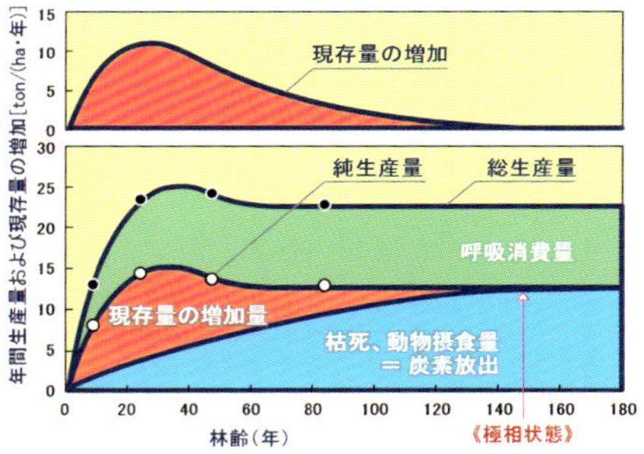

図４　森林における樹木の成長

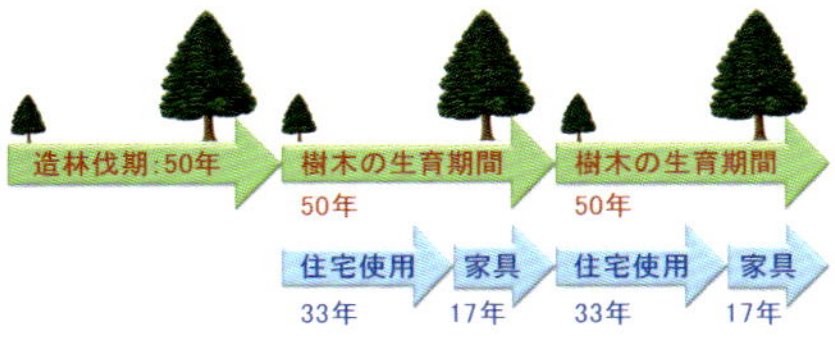

図５　持続可能な木質資源

■若い方がよく育つ

若い森林では、総生産量（樹木が光合成によって生産した有機物の総量）、純生産量（総生産量から樹木が生命維持のために呼吸として消費する分を引いた量）は、いずれも林齢とともに増加し、10～30年で最大となります。生産された物質の一部は、枯死や動物摂食によって消費されます。林齢が経過すると、枯死量が増加するので、現存量（森林に存在する樹木の量）は増加の割合が徐々に減少し、やがて一定となります。（図４）すなわち、一本一本の樹々は成長しますが、森林全体としての蓄積増加はなくなります。要するに、一定面積の土地に生育できる樹木の量には限界があると言うことです。成長しない森では、実質的な二酸化炭素吸収はありません。

例えば、世界遺産である白神山地のような天然林は、二酸化炭素の吸収固定は行っていないのです。当然のことながら、天然林には保全すべき別の意義がありますので、これらの樹も伐った方が良いなどと言っている訳ではありません。人工的に植林された経済林であれば、ある程度成長した樹木は計画的に伐採し、材料として木材を利用し、その代わりに若い苗木を植える方が、結果として二酸化炭素の吸収固定量が多くなり、地球温暖化防止にはプラス効果となります。

■持続可能な木質資源

石油、石炭、鉄鉱石などの埋蔵資源は、掘り出して使ってしまえば、いつかは底をつきます。ところが、木質資源（木材、竹材）は、無尽蔵とは言えませんが、伐採して使っても、新しい苗木を植えておけば、30～50年で、また材料やエネルギーとして使えるように成長してくれます（図５）。石油や石炭も元々は何万年も前の植物が起源ですが、人間のライフサイクルの中で管理できるスピードで再生してくれることが重要なのです。

使う木材の量が成長する樹木の量を越えない限り、木材は、永久に持続可能な資源として利用できるのです。さらに、樹木の生長期間を短縮する工夫や、木造住宅の長期使用、木材製品の高耐久化技術、リサイクル技術の向上によって、木材の消却量が森林の生長量を下回るように工夫すれば、資源を使いながら大気中の二酸化炭素量を減少させることができます。すなわち、積極的に木材を利用することによって、地球温暖化を防止するばかりか、地球環境を修復することもできるのです。

木材利用の地球環境貢献

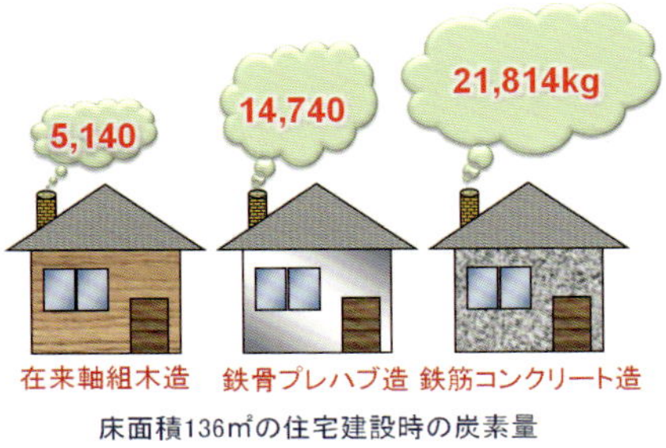

図６　木材は省エネ素材

図７　木造住宅は炭素の保管庫

■木材利用の地球環境貢献は世界の共通認識

IPCC（気候変動に関する政府間パネル：気候変動の原因や影響について、最新の科学的・技術的・社会的な知見を集約し、評価や助言をおこなっている国際機関）は、第４次報告書（2007年）において、地球温暖化の緩和策として、「林業部門での活動は、低コストで排出量の削減及び吸収源の増加の両方に大きく貢献することができる」と発表しています。ここでは、積極的な木材利用が地球環境に果たす役割として、主に次の三つが議論されています。

■木材は省エネ資材

ライフサイクルアセスメント（製品の原料調達から製造、廃棄までの環境負荷を定量的に評価する方法）によって、合板、鋼材、アルミニウムを１㎥製造する際の炭素排出量を計算すると、それぞれ120 kg、5,300 kg、22,000 kgとなります。これらの材料を用いて住宅を建築するとき、大気中に放出される炭素量は、木造住宅では一戸あたり5,140 kgであるのに対し、鉄筋コンクリート造住宅では21,814 kg（木造の4.24倍）、鉄骨プレハブ造住宅では14,173 kg（木造の2.87倍）と計算されます。このことから、木材が省エネ資材であり、木造住宅がいかに地球に優しい住宅であるかが分かります（図６）。

■木質製品の炭素貯蔵効果

地球温暖化を防止するには、気体の炭素を減らさなければなりませんが、これは固体の炭素を増やすことによって実現できます。

木材の全乾重量の約半分は炭素ですので、木材製品として使用されている期間、すなわち、燃えたり、腐ったりするまでの間は、樹木が固定した炭素を保管し続けています。木造住宅や木材製品は、炭素貯蔵庫としての役割を担っているのです。日本全国の住宅に使用されている木材に貯蔵されている炭素量は約１億4000万トンと概算されています。これは国土の３分の２を占める森林に貯蔵されている炭素量（約７億8000万トン）の約18％にもおよびます。天然林のように極相状態となった森林の炭素循環における役割は炭素貯蔵のみと前述しましたが、これと同等の働きをする木造住宅は、まさに『都市の森林』と言えます（図７）。

木材利用には次のような方程式が成り立つでしょう。

☆木材を利用するということは

・炭素が貯蔵される⇒
・固体の炭素が増える⇒
・気体の炭素が減る⇒
・大気中の二酸化炭素が減る⇒

………☆地球温暖化が緩和される。

■森林整備への貢献

日本は、京都議定書の第二約束期間には批准しないことを公表していますが、京都議定書は方法論の一つであって、日本が先進国の一員として率先して地球温暖化防止に貢献しなければならないことには何ら変更はありません。

前述の通り、森林を整備することが地球温暖化防止の有効な方策の一つですから、積極的に森林整備する必要があるでしょう。森林整備として、「新規植林」、「再植林」、「森林経営」などが挙げられますが、土地の少ない日本にとって、新たな森林造成の可能性は限られているため、「森林経営」が唯一の方策であり、精力的な森林施業（更新、保育、間伐、主伐）が必要となります。そのためには生産された木材を使うことが重要となります。

また、森林には、木材等の生産機能だけではなく，水源のかん養、土砂流出の防止、大気の保全など様々な公益的機能があり、これらの評価額は、年間70兆円になると見積もられています。これらの機能を確保するためにも森林整備が重要となります。

森林による二酸化炭素吸収源を確保し、森林の公益的機能を維持するためには、計画的な「森林整備」とともに、「林業」「木材産業」を経済産業活動として機能させることが重要となり、そのためにも、間伐材を始め、国産材を積極的に利用しなければなりません。

高炭素貯蔵社会を目指して

木材は、加工時のエネルギー使用が小さいため、二酸化炭素排出量が少なく、廃棄時にも炭素を放出しないカーボンニュートラルであることに加え、使用中も炭素を貯蔵してくれるなど、地球環境保全の観点からは超優等生材料です。私たちは、木材をたくさん使って『高炭素社会』（正確に表現すると「高炭素貯蔵社会＋低炭素排出社会」）を目指すべきでしょう。

冒頭で述べた「割箸を使うこと」は決して環境破壊ではありません。洗浄のためのエネルギーも必要ありません。使った後は、パーティクルボードなどの他の木質製品にリサイクルすることができます。また、最終的に廃棄する際には、燃やしてエネルギーを採取することが出来ます。むしろ、積極的に木材を利用することが、地球温暖化の防止に貢献するのです。バイオマス時代の代表である木材、木質材料……その利用促進こそが、地球環境と調和のとれた人類の持続的発展をもたらす「木ワード（Key Word）」です。

木を上手に
沢山使うヒント

京都大学大学院 農学研究科森林科学専攻 准教授
仲村匡司

福岡県出身。京都大学農学部林産工学科助手、森林科学専攻講師を経て、2012年より現職。専門は木材工学。中でも、木材の表面特性（あたたかな木材色、千変万化の木目パターン、まろやかな光沢など）が、ヒトの視知覚や木製品の意匠性に及ぼす影響を科学的に解明する学際研究に、一貫して取り組んでいる。著書に、「ウッディーライフを楽しむ 101 のヒント」「木質の物理」「カラダの百科事典」など

部屋にはどのくらい木があればよい？

これは、昔から問われ続けていながら未だにちゃんとした解答が得られていない古くて新しい問題です。正しい答えはないかもしれません。

いろいろな住宅内装の写真を集めて、その見た目の「あたたかさ」「自然さ」「感じのよさ」などの印象を調べました。同時に、各部屋に現れている木材部分の割合（木材率）も調べました。図1のグラフは、木材率と各印象の関係を表しています。木が多い部屋は「あたたかい」印象を与えやすいと思われがちですが、実は家具や調度品の色の影響もあって、木材率が同じでも「あたたかさ」の感じ方は人によってそれぞれです（図1a）。ただし、「あたたかさ」の一番低い値は、木材率が大きいほど高くなります。木材率と「自然さ」の間には右上がりの直線関係がみられ（図1b）、木材が多く使われた部屋は見た目に「自然な」印象を与えやすいことがわかります。ところが、必ずしも木材が多いほど「感じのよい」部屋になるわけではありません（図1c）。木材をどこにどのくらい使うか、「デザイン的な適材適所」がポイントです。

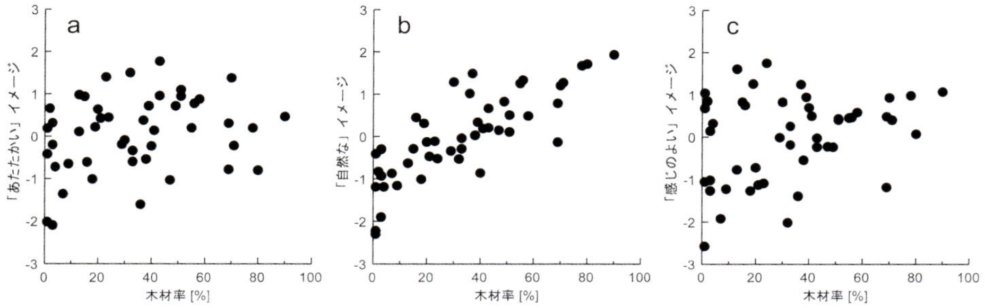

図 1

木質インテリアのどこを見ている？

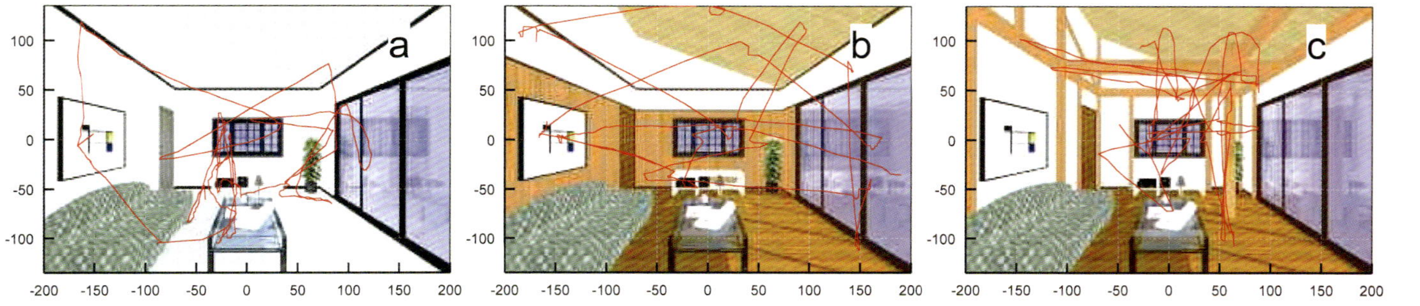

図 2

私たちは、「部屋のどこにどのくらい木材があるのか」をかなり正確に認識できるようです。多くの人に目測で見積もってもらった木材率（主観的木材率）と、きちんと実測した木材率との間には驚くほど見事な直線関係があることが分かりました。コンピュータ・グラフィックス（CG）で表現された内装イメージの場合でも同様です。同じ内装画像を小さく印刷したりスクリーンに大映しにしたり、異なる方法で提示しても、主観的木材率はあまり変わりませんでした。

このCGを用いた調査において、梁や柱など「軸的」な木質部材が現れた内装では、木材量が実際よりもやや過剰評価されていました。内装イメージを観察する人の視線を追跡してみると、木材が壁や天井に「面的」に貼られている場合には、木材が存在しない部屋を観察する場合と同様に、調度品や窓などの上を視線がさまよいます（図2a, b）。一方、木材が梁や柱として現れている内装では、それら軸的部材に沿って視線が移動します（図2c）。軸的な木質部材は、観察者の注意を引きやすい（誘目性）ため、木材量の過剰評価に寄与したと考えられます。

節が気になる？

a b

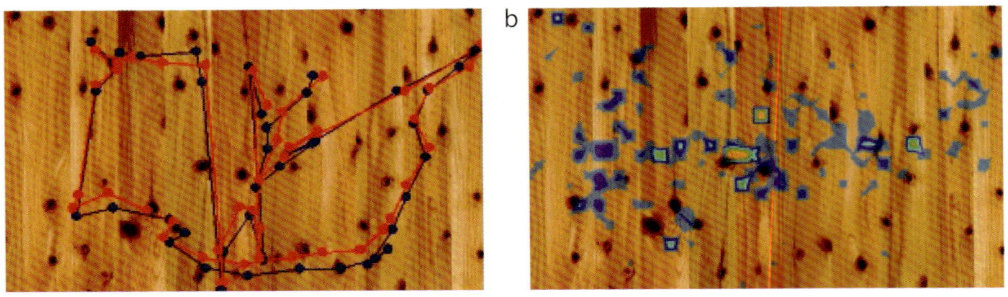

図3

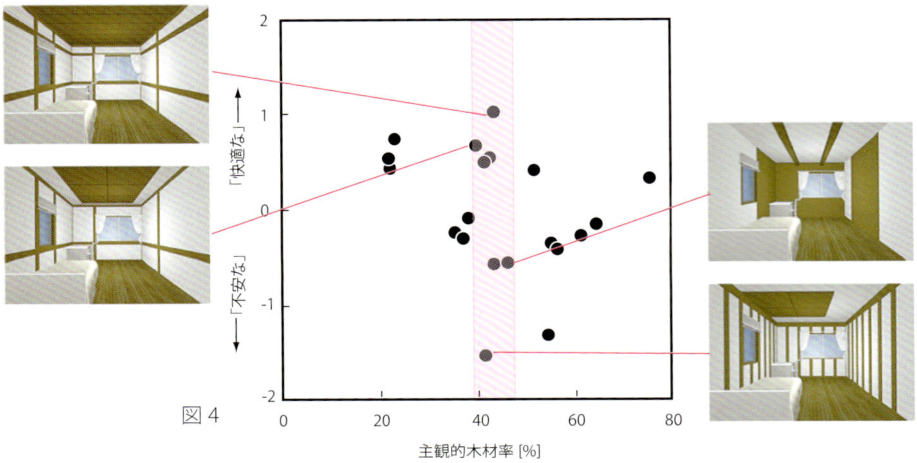

図4

「地元の木で建てる家」「地産地消の家」…いわゆる産直住宅のキャッチコピーですが、産直住宅の内装には、ふんだんに用いられた木材の表面に大小の節が現れていることがよくあります。節の多い内装は、その「自然さ」が評価される一方で、決して万人受けしません。その理由のひとつとして、節の誘目性の高さが考えられます。図3aは節が現れた壁面を観察するときの視線移動の例で、節から節へと視点が跳んでいる様子が現れています。図3bは約20名の観察者の視点分布図で、節のまわりに面白いように視線が集中しています。節には視線を引き寄せる強い誘目性があるのです。

節が気になる人も気にならない人も、節を見てしまうのは同じです。ただ、同じものを見ていても、それが視覚的なストレスにつながるかどうかは個人差によるところが大きいです。海外での調査によれば、男性は節に鈍感で、女性は敏感な人が多いそうです。一緒に住む人に生じるストレスを考えずに、節だらけの内装をしつらえてしまうことに問題があるのかも知れません。

軸的か面的か？木のデザインと誘目性

「軸的」あるいは「面的」な木づかいが見た目の「快適感」にどのように影響するのか調べてみたところ、主観的木材率が40数%の内装の中には、最も「快適」と評価されるものと、最も「不快」と評価されるものが含まれていました（図4）。同じ木材率なのに、デザインによって評価が全く異なるのです。これらの内装イメージの観察者の視線を追跡すると、「快適な」内装では軸的部材に沿って視線が移動しやすいのに対し、「不快な」内装では軸材から軸材へと視線が飛び跳ねるように動く様子が認められました。

さらに、図5のような4種類の実大の部屋を設置して、これらの部屋に誘導された観察者の視線の動きや見た目の「快適感」などを調べてみました。図5の木内装室1や2では、観察者の視線はCGでの調査と同じように、軸材に沿って移動することが多かったのですが、多数の柱が壁面に現れた内装3では、視線が柱から柱へと跳躍する様子が多く観察されました。一方で、木材が面的に用いられている床および腰壁に現れた節にも、たびたび視線が引き寄せられていました。これらの部屋の見た目の快適感に関して、内装1と2は同程度に「快適」でしたが、内装3の快適感はそれらよりも弱く、また、最も「気が散る」と評価されました。

軸的な木質部材や面材の節は誘目性が高いので、内装の有効なアクセントになりますが、“過ぎたるは及ばざるがごとし”。目のやり場に困らないようなデザインの工夫も必要と言えます。

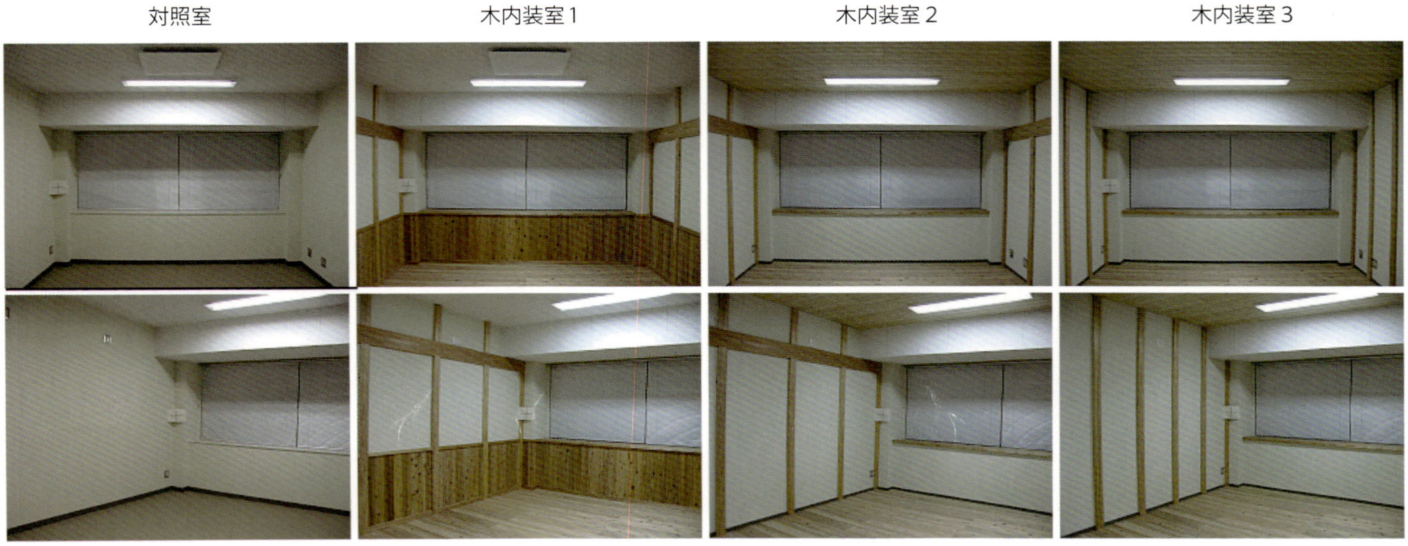

図5

理想の木の住まいづくりへ

埼玉大学 教育学部 教授
浅田茂裕

熊本県出身。1995年埼玉大学教育学部に着任、現職に至る。木材工学、木材教育学が専門。木材利用の教育的利用の効果（学校教育教材としての木材の効果、学校建築における木材利用が子どもの心身の健康に与える影響）について研究を進める。林野庁木育推進委員会委員、東洋大学木と建築で創造する共生社会研究センター客員研究員。
著書に「国際競争力を高める教育戦略」「こんなものまでつくれるの？」「技術科教育総論」など

木の住まいに対するニーズ

ここ数年、木材を使った住宅に対する関心が高まっています。地球温暖化の防止や日本の林業の活性化など、社会的な問題への関心の高まりに加え、漠然とした不安を感じる現代社会にあって、「心からほっとしたい」、「豊かに暮らしたい」という切なる思いが、安全な自然素材としての木材への回帰につながっているのかもしれません。

しかし、木造住宅に住んでいる人であっても、すべての方が“住まい”に満足している訳ではありません。私たちは、木の住まいに対するニーズや住まいに対する満足度を明らかにするために、2011年6月から12月にかけて、首都圏、関西圏を中心とした一般の男女200名にアンケートを実施しました。

その結果、満足している人とそうでない人は、「住まいそのもの」や「住まいづくり」への意識に、いくつかの相違点が見えてきました。また、多くの人たちが、木の住まいに対していくつかの誤解をしていることも明らかになりました。ここでは、それらの結果を中心に、「理想の木の住まいづくり」に役立つ情報のいくつかを紹介しましょう。

現在の住まいに対する満足度

■住まいの満足度

住宅を所有する人は、現在の“住まい”にどの程度満足しているでしょうか。約82%の方が満足していると回答し、その内訳は、「大変満足」が15%、「やや満足」が67%という結果になりました。図1に示すように、不満に思っている人の多くは、間取り、面積、施設・設備、築年数のほか、防音・防振、バリアフリー、メンテナンスなどを重要な不満要素として考えているようです。一方、満足と思っている人の多くは、間取り、面積のほか、採光・換気を高く評価している一方で、施設・設備や内装、築年数をそれほど高く評価していないことが分かりました。

これらの結果は、一見妥当なように思えます。さらに詳しく調べていくと、実はその裏に、木材についての理解、木材の使い方、そして住まいづくりに対する姿勢が関わっていることが分かってきました。

■住宅にどれくらい木を使っているの？

図2は、住宅のリビングルームに使われている木材の使用率（木材率[注1]）についての調査結果を示しています。一戸建では30%、マンションでは15%と回答した人が多いことがわかります。一戸建の住宅については、工務店等が推奨する標準仕様住宅の木材率[注2]（約30%）とほぼ一致していました。

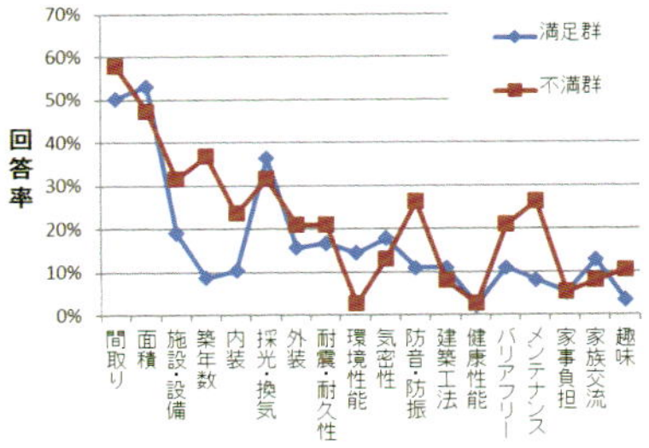

図1 現在の住まいの満足/不満足箇所

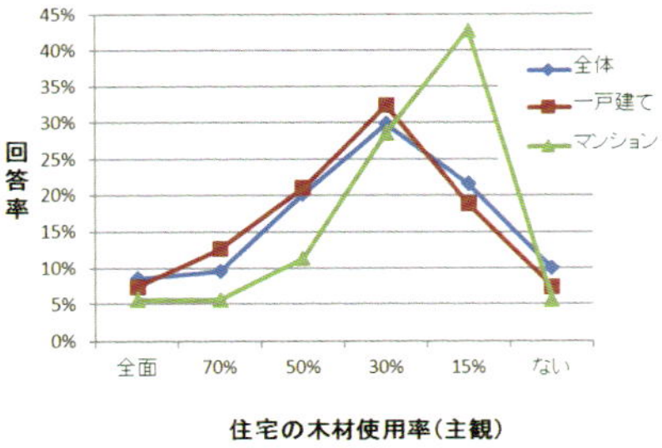

図2 現在の住まいの木材使用率

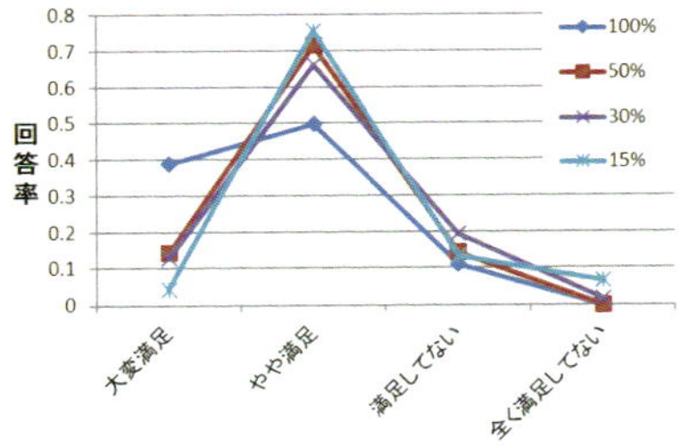

図3 現在の住まいに対する満足度

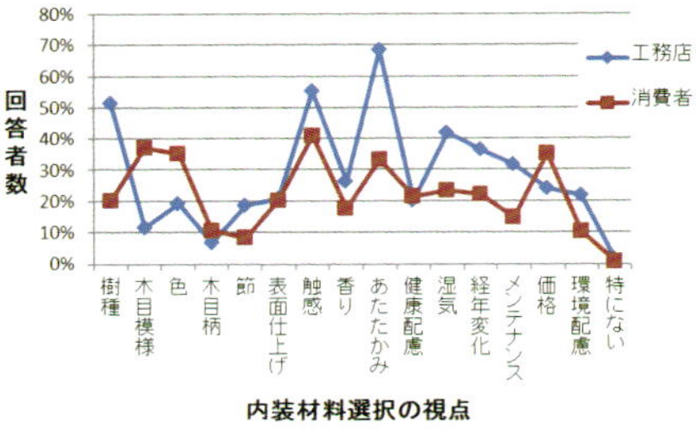

図4 住宅供給者と消費者が内装材料を選択する場合の視点の差

さて、今回の調査で、この“住まい”に使用する木材の量が、実は、住まいの満足度と深い関わりがあることがわかりました。つまり、木材率が高い住宅に住む多くの方が「大変満足」と回答し、木材率が低い住宅に住む方は、「満足してない」「全く満足してない」と回答する割合が高い傾向にあったのです（図3）。また、住まい手にとっての理想的な木材率について調査した結果、「50%程度」と回答した人が多く、現在よりも多くの木材を使いたいと考えていました。

それでは、木材をたくさん使った“住まい”を理想とし、実際に、木材をたくさん使った“住まい”に住む方の方が強い満足感を得ているにも関わらず、なぜ、現在の住宅には、あまり木材が使用されていないのでしょうか？ 大きな疑問です。

■どうやって材料を選択しているの？

その疑問の答えは、内装材料の選択方法から少し見えてきます。図4は、住宅を供給する工務店と建築を依頼する消費者が、住宅の内装材料をどのように選択しているかを比較したものです。多くの工務店は、「あたたかみ」、「触感」、「樹種」などを基準に内装材料を勧めるのに対し、多くの消費者は「触感」、「木目模様」、「色」、「価格」などによって内装材料を選択していると考えられ、工務店と消費者の間にはギャップがあります。また、健康への配慮やメンテナンスはもちろん、木材の良さである「あたたかみ」や「触感」に大きく関わるはずの内装材の「表面仕上げ」については、あまり多くの関心が払われていないようです。恐らく多くの人たちが、キッチンやお風呂などに優先して予算を配分しているために、内装材料については工務店の提案や示された選択肢の中で決定していると考えられます。これでは、住まい手が理想とする“木材の良さを活かした住まい”の実現は難しいかもしれません。

「木を知り、木をよりよくつかうこと」

■どんな態度で設計を依頼するか？

もう一つ、“住まい”の満足度に関わる重要な要素があります。それは、設計や建築を依頼する人自身の態度と意識です。図５は消費者の設計時における積極性と“住まい”の満足度を示しています。すなわち、“住まい”の満足度が高い人ほど、設計時の話し合いに積極的に臨んだと回答していました。

この結果と、これまで述べてきた調査の結果を総合すると、以下のような仮説が成り立ちます。つまり、話し合いに積極的に臨む人は、主体的に設計を考え、木材をどのように使うかまでしっかりと考えているということです。結果的に、標準仕様以上に木材を使用することを決め、意志を持って内装材料を選んだ消費者の方が、より高い満足感を得たと考えられるのです。内装材料を選ぶにあたっても、見た目や価格をもとに選ぶのではなく、自らの理想の“住まい”のために賢明な判断を下すことが、“住まい”の満足を導くのだと思われます。

実際に、木造住宅に住む方にお話を伺うと、消極的な態度で住宅を建築した方（工法や内装材料の選択を含む）に共通することは、「次に建て替える機会がある場合、必ずしも木造にしようとは思わない」とお話されることです。一方、積極的な姿勢で臨んだ方は、多少の問題があっても、それを木の特徴と考え、むしろ愛着を感じるとさえ言われる方もあります。生活するにあたって、不満の残る住宅に住むより、愛着のある“住まい”に住む方が、健康的で、豊かであることは言うまでもないでしょう。

■木の住まいに対する誤解

木を知り、木をよりよく使うことが住まいづくりにとって大変重要なことです。しかし、木の“住まい”に対してはいろいろな誤解があります。例えば木材の価格です。図６は、木造住宅の価格に占める木材費についての消費者の印象を示したものです。木造住宅は「贅沢」、「高い」というイメージが強いのですが、実際には総工費の10～20％が木材費といわれています。特殊な銘木や節のない材料、色合いなどにこだわらなければ、鉄やコンクリートなどの他材料を使用するのと価格的には何ら変わりありません。むしろ、耐震性、断熱性や調湿性、維持管理やリフォームのしやすさなど、木の“住まい”によって得られるさまざまな効能を考えれば、木材を積極的に利用することは経済的といえるでしょう。

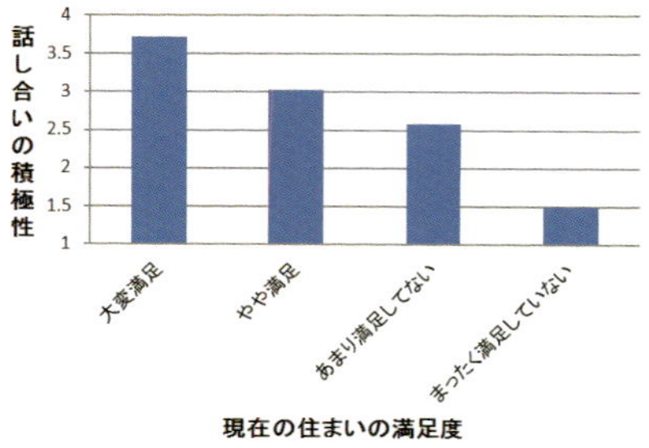

図５　設計時の話し合いの積極性と現在の住まいの満足度

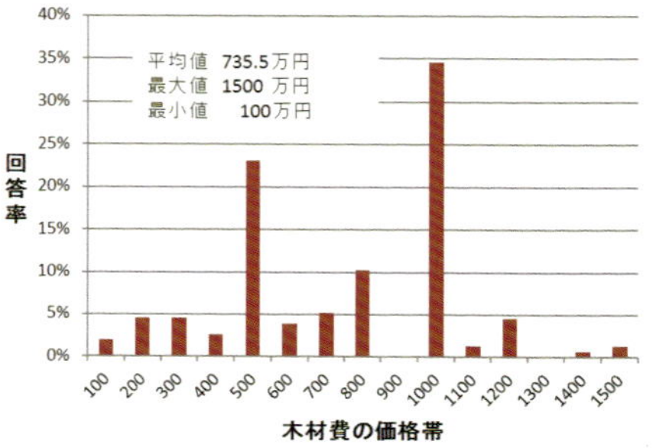

図６　木造住宅価格に占める木材費に対する消費者の印象（2000万円の住宅に対して）

子育て環境としての木の住まい

■木の住まいのよさ

森で暮らしていた私たちの祖先は、森を離れ草原に住みかを移し、さらのその生存圏を拡げてきました。私たちが森にある種の懐かしさや安らぎを感じ、木に囲まれた暮らしに心地よさやあこがれを感じるのは、森に暮らしていたときの記憶によるのかもしれません。しかし、木材はそうした記憶以上に私たちに多くの恩恵を与えてくれることがわかっています。

木材は熱を伝えにくく、身体が過度に冷えるのを抑えてくれます。また、木材は湿度の高いときには湿気を吸い込み、乾燥しているときには逆に放出する性質があり、年間を通して快適な住環境を提供してくれます。自然の風合いや柔らかな質感は、見た目に優しく、ストレスを緩和させる働きがあると言われています。さらに最近の研究では、木材に含まれる香り成分が持つ抗菌効果やストレス緩和、免疫力の向上など、健康的な生活への効果も明らかになっています。

■子育て環境としての木のよさ

こうした木の住まいが、子育て環境として相応しいことは言うまでもありません。木材の持つ性質の一つ一つが、私たちの身体と親和性を持っているからです。

私が行った別の調査においても、子どもの学習環境における木材の優位性が明らかになっています。例えば、木の学校で過ごす子どもたちは、鉄筋コンクリートの学校で過ごす子どもたちよりもストレスを訴える割合が低いことが明らかとなりました。また、中学生の場合、学校や教室に木材が使われている割合が高いほど、ストレスを訴える割合が低く、子ども自身が属するクラスの雰囲気を肯定的に評価することがわかってきました（図７）。

住宅であっても、子どもが成長し学ぶ環境としての優位性はしっかりと発揮されます。熱を伝えにくく、適度な弾力性のある床は、子どもたちが長時間遊んでも体温を奪わず、大きな怪我なく過ごすことを保証するでしょう。強い刺激のない壁や家具は、子どもの集中を奪わず、落ち着いて学ぶ空間作りに役立つはずです。木の香りの持つさまざまな効果は、子どもたちの健やかな学びを支援するでしょう。

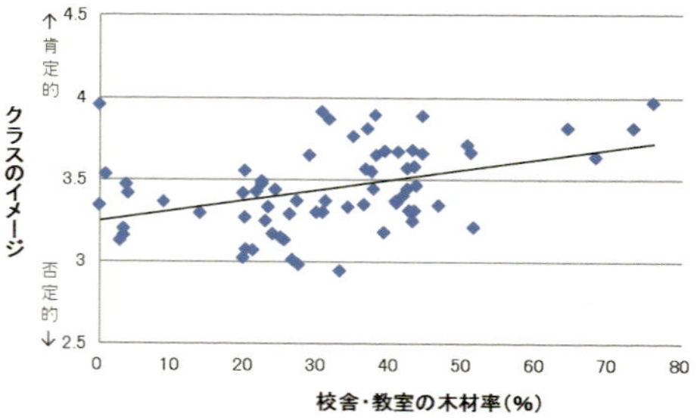

図７　校舎教室の木材率と児童・生徒のクラスに対するイメージの関係

子育ての環境を形成する材料として、木材は他に求めることのできない多くの特徴を持っているのです。

注１：住宅の木材率は実測値ではなく、現在住んでいる住宅のリビングルームの内装面における木材使用面積の割合について、居住者が印象や主観によって回答した数字です。実測値との相関があります。
注２: 工務店の標準仕様住宅の木材率は、設計士、工務店勤務者による主観的回答です。

住宅と木材と化学物質

株式会社アルファフォーラム 代表取締役
小林靖尚

1964年生まれ。1988年3月　早稲田大学理工学部応用化学科卒業。1988年4月 日興證券株式会社情報部第二課。1989年7月 株式会社三菱総合研究所 産業技術部住環境事業部、マーケティング研究部主任研究員。2001年9月 株式会社アルファフォーラム設立・代表取締役就任、現在に至る。

木材から放散される化学物質

我々は歴史的に木材と深く関わりながら生活してきました。木材は時に癒しを感じさせる匂いを放ちます。この匂いにはどのようなものが含まれているのか？これまではあまり気にすることはありませんでしたが、化学物質過敏症やアレルギーの問題から「木材を含む室内化学物質の健康への影響検証」という目的で調査を実施しました。この調査は林野庁の補助事業として日本木材青壮年団体連合会とシックハウスを考える会が平成22年度に実施しました。

結果としては、木材からも化学物質は放散されますが、健康な人の日常生活においては健康を害するような影響はない、ということがわかりました。ここでは、木材を含む室内化学物質について考えてみたいと思います。

特に、この検討で注目した物質は「アセトアルデヒド」という物質で、自然界にも普通に存在することが報告されています。

動物も植物も全て化学物質からできている

人間を含む動物も、木材を含む植物も全て化学的に説明できる物質からできています。身体の匂いも化学物質ですし、食べるものも全て化学物質です。また、化粧品や芳香剤、消臭剤、洗濯用の洗剤なども全て化学物質でできています。

我々の生活は化学物質に囲まれて、化学物質をうまく利用して快適な空間と時間を手に入れていると考えることができます。

しかしながら、化学物質の中にはある一定以上の量を浴びたり吸引したりすると、またその量を長期に渡って摂取し続けると健康を害する可能性がある…と言われているものもあります。これらの物質は厚生労働省が指針値として公表していて、指針値を超えないような生活上の配慮を促されています。ここで注意したいのは、厚生労働省が公表する指針値を超えたからといって、直ちに健康を害することはないということです。指針値に過敏になりすぎる生活は、かえってストレスをためてしまい健康を害する可能性もあるのです。

表１　厚生労働省が定める室内濃度指針値と家庭内での用途

化学物質名	室内濃度指針値		家庭内での用途、発生源と思われるもの
ホルムアルデヒド	100 $\mu g/m^3$	(0.08 ppm)	食品、接着剤、洗浄剤、家具、開放型燃焼機器、煙草の煙
アセトアルデヒド	48 $\mu g/m^3$	(0.03 ppm)	食品添加物（香料）
トルエン	260 $\mu g/m^3$	(0.07 ppm)	塗料、接着剤、自動車用品、写真用薬剤、うすめ液
キシレン	870 $\mu g/m^3$	(0.20 ppm)	農薬、接着剤、自動車用品、写真用薬剤、油性ペイント
エチルベンゼン	3800 $\mu g/m^3$	(0.88 ppm)	接着剤、塗料、うすめ液
スチレン	220 $\mu g/m^3$	(0.05 ppm)	断熱材、畳、接着剤、発泡スチロール
テトラデカン	330 $\mu g/m^3$	(0.04 ppm)	塗料、灯油
フタル酸ジ-n-ブチル	220 $\mu g/m^3$	(0.02 ppm)	プラスチック可塑剤、塗料、顔料、接着剤
フタル酸ジ-2-エチルヘキシル	120 $\mu g/m^3$	(7.60 ppb)	可塑剤、壁紙、床材
パラジクロロベンゼン	240 $\mu g/m^3$	(0.04 ppm)	防虫剤、防臭剤
クロルピリホス	1 $\mu g/m^3$	(0.07 ppb)	農薬、殺虫剤、防蟻剤
ダイアジノン	0.29 $\mu g/m^3$	(0.02 ppb)	農薬、殺虫剤、防ダニ剤、防虫剤
フェノブカルブ	33 $\mu g/m^3$	(3.80 ppb)	農薬、殺虫剤、防ダニ剤、防虫剤
総揮発性有機化合物量（TVOC）	400 $\mu g/m^3$		

木材からの放散量は時間とともに少なくなる

木材は森林で育っている立木を伐採し、それから製材や乾燥という手間をかけて我々の生活に活かせる木材となります。

生きている木を切ったり、または草をむしった時の匂いには覚えがあるでしょう。しかしながら、数日後に同じ場所に行ってもその匂いはほとんどしないということも経験していると思います。

今回、実際に測定した結果でも、放散されるアセトアルデヒド等は時間とともに放散量が大きく減少することがわかりました。そこで、木材は森林伐採から製材所などをとおり住宅に利用され生活の場面になるまで、どの程度の時間経過があるかも検討しました。木材の流通の仕方には様々ありますが、住宅の壁の中へ収まるまでは最長5～6か月かかっています。その間、木材は空気にさらされ、化学物質を放散しながら流通していきます。そして、一定量の化学物質は減少してくるわけです。木材から放散されるアセトアルデヒドの量は7日間で半減することが分かりました。

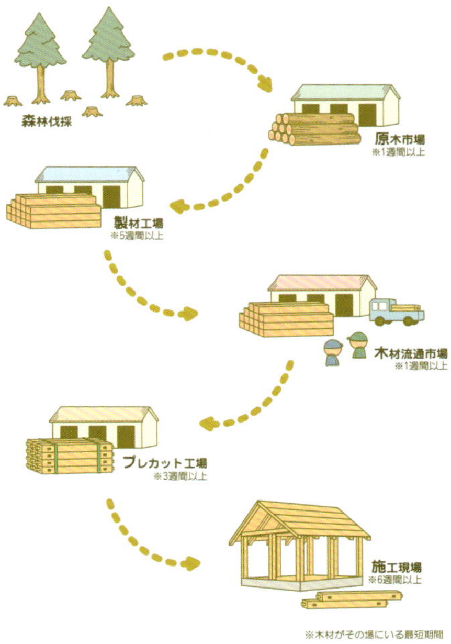

実際、家の中の化学物質はどうなっているの？

新築住宅の構造や内装に木材を使った場合、室内にはテルペン類、ホルムアルデヒド、アセトアルデヒドなどの化学物質が放散されることが分かりました。ほとんどの化学物質は厚生労働省の指針値を超えないことも分かっています。アセトアルデヒドは場合によって室内濃度指針値を超えることがあります。しかしながら、木材を多く使った新築の家に転居した人に聞くと、転居前と比べて体の不調を訴える人が減っており、対象の化学物質が室内濃度指針値を超えたからと言って、すぐに健康を損なうものではないことが分かりました。

既に、入居後、数ヶ月から数年居住している生活空間の室内空気質実態調査では、指針値を超える化学物質はありませんでした。室内をよく換気している住宅ほど、化学物質の濃度が低くなる傾向も見られました。いずれの住宅にも体の不調を訴える方はいませんでした。

また内装に木材を使用している住宅では、室内に比較的多くのテルペン類があります。家の中で積極的に木の香りを楽しんだり、森林浴の気分を味わったりする住まい方には好ましい環境であると考えられます。

新築住宅への入居直後は換気に気を配る

既存住宅に比べて新築住宅の方が室内の化学物質の量が多くなる傾向があります。新築住宅への入居後数カ月は窓をあけたり換気扇を利用するなどして、換気をすることが室内化学物質の減少に有効です。

一方で、私たちの生活環境には様々な化学物質が存在しています。消臭剤や芳香剤、防虫剤や殺虫剤にも厚生労働省が濃度指針対象となる物資が含まれていることがあります。化粧品にも同様のことが言えます。ですから、我々は化学物質のおかげで快適な生活が実現できているとも言えます。その他、日用品の使用頻度によっては室内の化学物質の濃度が高くなる場合もありますので注意が必要です。

木材は歴史的に日本人の生活に密着して普及してきたものです。健康に配慮した住宅にも木材を多用される報告もあります。ほんのちょっとした気配りで、さらなる活用の場が広がることを期待しております。

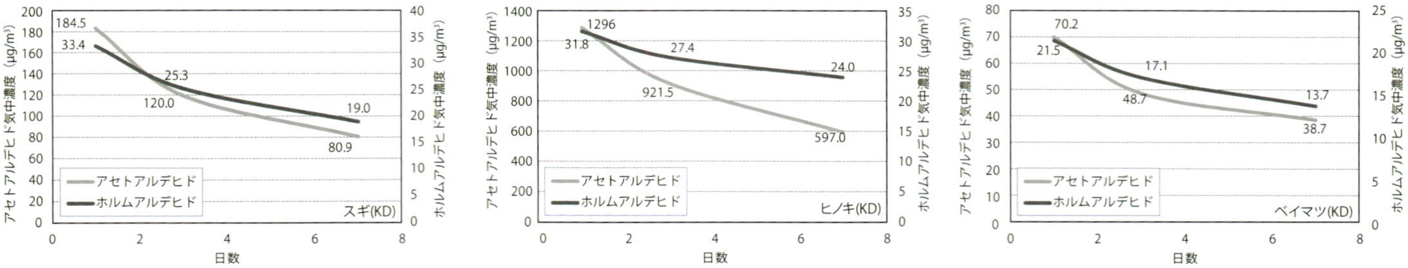

図2　木材から放散される化学物質の気中濃度変化

日本の森を元気にしよう!!
木材は炭素のかたまり!!
日本木材青壮年団体連合会「木づかいCO_2固定量認証制度」

NIHON MOKUSEIREN
KIDUKAI CO_2 KOTEIRYOU NINSYOU
moco

**木材利用による地球環境貢献を高炭素ストック社会の形成を通じて、実現することが
日本木材青壮年団体連合会のねがいです。**

木は、その生長の過程で二酸化炭素（CO_2）を吸収します。現在、地球温暖化が世界共通の問題となっていますが、私たちが生活の中で化石燃料など（ガソリンなど）の使用により排出するCOを吸収してくれているのが森林です。例えば自家用乗用車１台が１年間に排出するCO_2の量は約2,300kgで、これは50年生の杉およそ160本が１年間に吸収するCO_2量に相当するといわれています。また日本は地球温暖化対策のため、「京都議定書」により2012年までにCOをはじめとする温室効果ガスの排出量を6%以上削減する（1990年比）という目標が課せられました。そのうちCO_2を3.8%を整備・保全された森林による吸収で達成しようとしています。

CO_2削減において、樹木（木）が果たす役割は、それほど大きなものなのです。

木は、植林されてから建築用材などとして使用されるようにまでには平均的に50年以上の月日を要します。その50年以上にわたり光合成によりCO_2を吸収し、炭素（C）を貯蔵固定しています。そして木材となり炭素（C）を貯蔵固定し続けています。

実は木材の重量の半分が炭素（C）であり、木材は炭素（C）を固定した、環境にやさしい資材といえます。

昨年、ダーバン（南アフリカ共和国）において、COP17（国連・気候変動枠組条約締約国会議、第17回の会議）が開催され、2013以降の第2約束期間も「京都議定書」延長をし、2020年には米国や中国を含むすべての国が参加する新たな枠組みをはじめる「ダーバン合意」を採択されました。この中で伐採木材製品（HWP＝Harvested Wood Products、森林の外に運び出たすべての木質資源）の概念が理解され、木材製品（HWP）として使用されている期間は炭素（C）を固定しているため、その炭素（C）は廃棄された時点で排出量計上することに合意されました。

まさに木の「CO_2吸収能力」や木材の「省エネ能力」（低二酸化炭素排出 性能）だけでなく、木材の「炭素貯蔵固定能力」（高炭素ストック 性能）が認められたといえます。

"CO_2を吸収し、炭素（C）を固定した木材は、環境にやさしい日本木材青壮年団体連合会は、木材や木材を使用した住宅などの環境貢献度を具体的にあなたの住まいが何トンのCO_2固定量認証制度』をはじめました。

あなたの住まいが何トンのCO_2をを吸収し、何トンの炭素（C）を固定しているのか？

その具体的な数値を算出して、日本木材青壮年団体連合会が認証します。

木材利用（住宅や内外装、家具など）を通じて環境に貢献する。

材利用（住宅や内外装、家具など）を通じて環境に貢献する。

その具体的な一歩を日本木材青壮年団体連合会は応援します。

**日本木材青壮年団体連合会
『木づかいＣＯ2固定量認証制度』
の詳細に関しては？**

日本木青連ホームページをご覧下さい（URL: http://www.mokusei.net）。

www.mokusei.net

日本木材青壮年団体連合会「木づかいＣＯ２固定量認証制度」における認証のフローおよび環境貢献度が見える"仕組み"

NIHON MOKUSEIREN
KIDUKAI CO_2 KOTEIRYOU NINSYOU
moco

**日本木材青壮年団体連合会の「木づかいＣＯ２固定量認証制度」の 概要 と 目的
対象建築物 と 対象木材、ポイント に関して、**

■概要と目的　— 森林～木材。申請～認証まで —

樹木（木材）が二酸化炭素（CO_2）を吸収し、炭素（C）を貯蔵固定する機能を持つという地球環境貢献効果を正しく普及し、日本国内での建築物等に木材の利用促進をはかるため、木材（国産材・外国産材に問わず）の利用量に応じた二酸化炭素吸収量および　炭素固定量（「木づかいCO_2固定量」）　を全国区において、認証する制度です。この制度により、日本国内における木材の積極的な利活用を誘導・促進することで二酸化炭素の吸収・炭素の貯蔵固定をはかるとともに、木材需要拡大と国内などの森林整備（森林再生・林業再生）の促進による二酸化炭素（CO_2）吸収量の増大をはかり、地球温暖化防止に貢献することを目的としています。

■対象建築物と対象木材

この制度において、日本国内における建築事業者が建築・改築する木造建築物や木質内装などにおいて、対象として制限を設けておりません。また「木づかいCO_2固定量」の算定対象木材は、無垢材・集成材・合板などのかたちで利用されるものとしており、いずれも森林認証材や合法木材のみとしております。

■この認証制度のポイント

この制度のポイントは、だれがその使用木材の量に基づいたCO_2吸収量と炭素（C）固定量を算出し、だれが審査するのか？です。

日本木材青壮年団体連合会『木づかいCO_2固定量認証制度』では、有資格者（講習および試験の合格者）である「木材炭素固定量認証マイスター」が算出します。そしてその算出結果を、外部の第三者機関である「木づかいCO_2固定量認証委員会」（学識経験者）

**日本木材青壮年団体連合会の「木づかいCO_2固定量認証制度」の 全体像 と フロー および
環境貢献度が"見える"仕組み に関して**

日本木材青壮年団体連合会「木づかいCO_2固定量認証制度」 の全体像

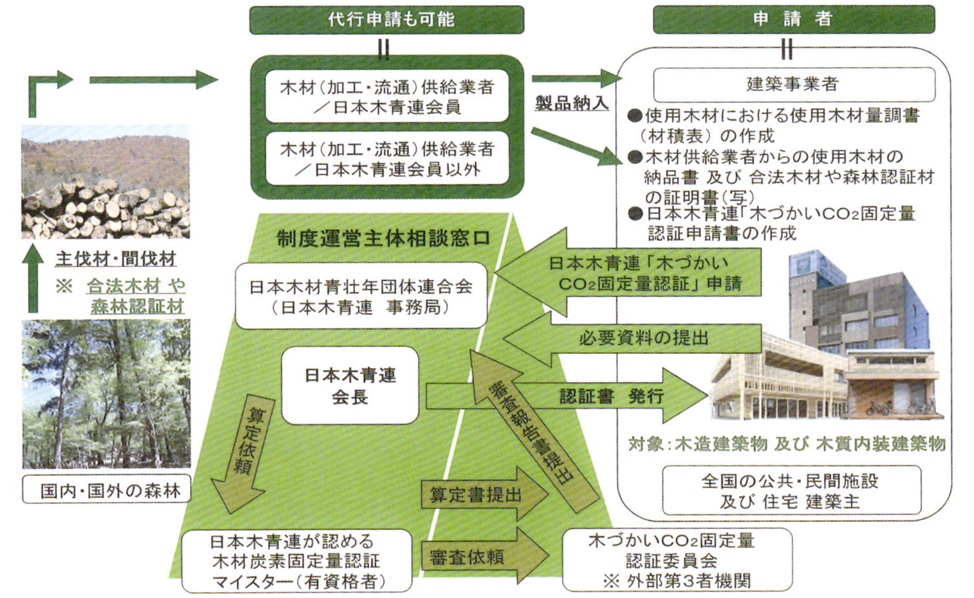

事前相談	認証申請	受理確認	算定	審査 外部機関	認証
	認証申請書・使用木材量届・使用木材量調書・木材納品書、合法木材や林認証材の証明書（写）などの必要書類の提出。	日本木青連（事務局）および「木材炭素固定量認証マイスター」通じて、申請書類の受理・確認。	同マイスターによる「木づかいＣＯ２「固定量」の算定	「木づかいＣＯ２固定量認証委員会」による審査	日本木青連（事務局）は、審査結果を踏まえ認証書を交付

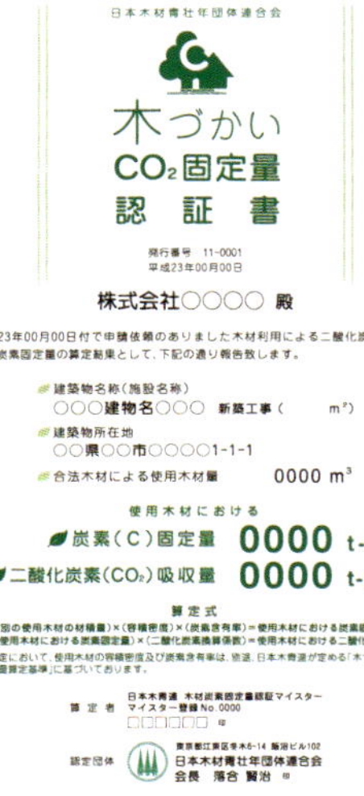

木づかい CO_2 固定量認証書

木製認証プレート（別途有償）

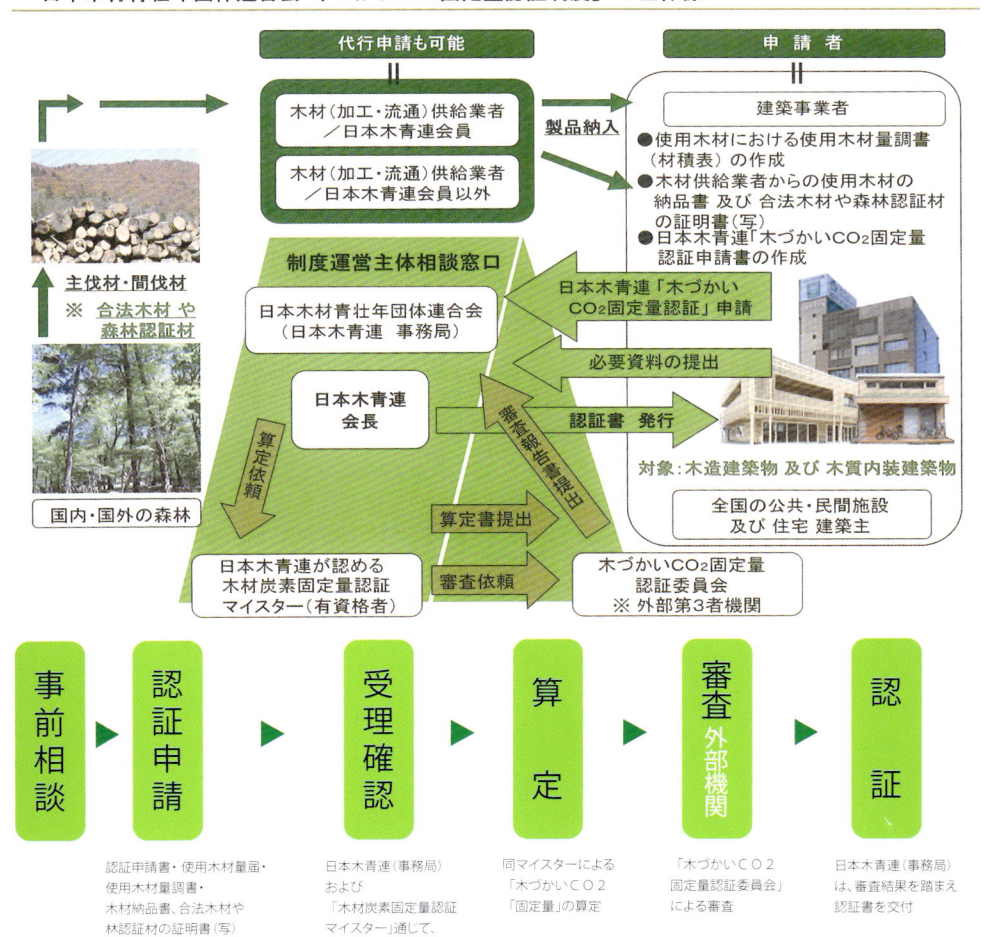

「COOL WOOD 傑作選」業者一覧

01 赤ちゃん木育ひろば	設計者：株式会社内田洋行テクニカルデザインセンター 若杉浩一・奥ひろ子・坂本晃彦・堂元洋子 / 〒104-8282 東京都中央区荒川 2-4-7/ TEL: 03-3555-4057 施工者：エー・クラフト 伊藤英一郎 / 〒175-0083 東京都板橋区徳丸 3-36-11-101/ TEL: 03-6906-4217
02 ひっそりと暮らせる住まい	納材者：長野県森林組合連合会 中信木材センター / 〒399-8102 長野県安曇野市三郷温 4000/ TEL:0263-77-2347/ FAX：0263-77-2349 設計者：合同会社冨川浩史建築設計事務所 冨川浩史・工藤貴子 構造設計者：構造設計計画室　中村由美子 / 〒103-0004 東京都中央区東日本橋 2-27-2　日機会館 5 階 / TEL：03-5820-9513/ FAX：03-5820-9516 施工製作者：有限会社下平工務店 / 〒399-0735 長野県塩尻市大門 2-6-11/ TEL:0263-52-0483/ FAX：0263-54-1437 施工製作者：株式会社岡谷組
03 階段で魅せる	納材者：紀平木材 有限会社 / 〒514-2308 三重県津市安濃町川西 1384-1/ TEL: 059-268-3188/ FAX: 059-268-2007 設計者：SSD 建築士事務所 / 〒514-2308 三重県津市安濃町川西 1281-1/ TEL: 059-268-1303/ FAX: 059-268-2007 施工者：海野建築 / 〒514-2211 三重県津市芸濃町椋本 753-6/ TEL・FAX: 059-265-2058
04 気持ちいい浴室広がるベランダ	納材者：協同組合しそうの森の木 / 〒671-2518 兵庫県宍粟市山崎町横須 313-1/ TEL: 0790-63-1819/ FAX: 0790-63-1280 設計・施工者：株式会社山弘 / 〒671-2533 兵庫県宍粟市山崎町須賀沢 704/ TEL: 0120-12-8076/ FAX: 0790-63-0260
05 自然のカタチを活かす	納材・設計・施工者：田邉工業株式会社 / 〒526-0802 滋賀県長浜市東上坂町 1121 番地 / TEL: 0749-62-1555/ FAX: 0749-63-2449
06 木を生かす和風モダン	納材・設計・施工者：株式会社瓦野 / 〒547-0044 大阪市平野区平野本町 / TEL: 06-6791-1108/ FAX: 06-6791-8132
07 木のアンティーク感	納材・設計・施工者：株式会社瓦野 / 〒547-0044 大阪市平野区平野本町 / TEL: 06-6791-1108/ FAX: 06-6791-8132
08 木と触れ合う暮らし	納材者：辻木材株式会社 / 〒510-1324 三重県三重郡菰野町田光 3242 番地 / TEL: 059-396-0035/ FAX: 059-396-0450 設計者：アトリエオーブ / 〒510-8022 三重県四日市市蒔田 4-4-20/ TEL: 080-3067-1098/ FAX: 059-366-0311 施工者：木家研究所株式会社 / 〒510-1233 三重県三重郡菰野町菰野 1011-1/ TEL: 059-393-1218/ FAX: 059-394-3109
09 古民家を BAR に	納材・設計・施工者：株式会社瓦野 / 〒547-0044 大阪市平野区平野本町 / TEL: 06-6791-1108/ FAX: 06-6791-8132
10 森からの贈り物	販売者：湖東地域材循環システム協議会（kikito）/ 〒527-0113 滋賀県東近江市池庄町 1554-5/ TEL: 050-5801-0995/ FAX: 0748-45-2132
11 木材がもつ癒し効果の活用	納材者：大森木材株式会社 / TEL: 086-282-7193 設計者：一級建築士事務所岸本泰三建築設計室 / 〒708-0006 岡山県津山市小田中 1858-4 亀川ビル 2 階 / TEL: 0868-31-0922/ FAX: 0868-31-0922 施工製作者：中国建設工業株式会社 / 〒700-0942 岡山県岡山市南区豊成 486/ TEL: 086-263-3241/ FAX: 086-262-6599
12 シャープな心地よさ	納材者：株式会社瓦野・他 / 〒547-0044 大阪府大阪市平野区平野本町 / TEL: 06-6791-1108/ FAX: 06-6791-8132 設計者：パワープレイス株式会社 / 〒104-0033 東京都中央区新川 2-4-7/ TEL: 03-3555-4435/ FAX: 03-5566-0457 施工者：株式会社ウチダテクノ / 〒116-0011 東京都荒川区西尾久 4-25-3/ TEL: 03-3894-2311
13 木の音にこだわる	製作・販売者：番匠 井手 / 〒840-0001 佐賀県佐賀市巨勢町修理田 793-1/ TEL: 0952-29-7677
14 木製の建具	納材設計者：越井木材工業株式会社 / 〒559-0026 大阪市住之江区平林北 1-2-158/TEL: 06-6685-2061/ FAX: 06-6685-8778 施工者：株式会社 内本工務店
15 木材の地産地消というアイデンティティ	納材者：阪口製材所 / 〒639-3114 奈良県吉野郡吉野町大字丹治 113 番地 / TEL: 0746-32-2310/ FAX: 0746-32-0231 設計者：一級建築士事務所 増谷高根建築研究所 増谷 高根 / 〒166-0004 東京都杉並区阿佐谷南 3-17-4　D-103/ TEL: 03-3392-4960/ FAX: 050-2003-4519 施工製作者：株式会社 ツキデ工務店 奈良分室 山﨑博司 / 〒636-0342 奈良県磯城郡田原本町三笠 193-11/ TEL: 0744-35-5628/ FAX: 0744-32-0384
16 木のモダンな味わい	納材者：中屋木材株式会社 / 〒441-8006 豊橋市高洲町大江 21/ TEL: 0532-32- 1388/ FAX: 0532-32-2261 設計・施工者：株式会社 トーリンホーム / 〒440-0073 愛知県豊橋市湊町 60 番地 / TEL: 0532-55-9280/ FAX: 0532-54-3178
17 余白の美空間	納材者：有限会社 イタキ / 〒441-8006 愛知県豊橋市高洲町字長弦 16/ TEL: 0532-31-9118/ FAX: 0532-32-8337 設計者：坂本 昇 建築設計室 / 〒441-1316 愛知県新城市緑が丘 5 丁目 3-3/ TEL: 0536-25-1400 施工者：株式会社桂ハウジング /〒430-0906 静岡県浜松市住吉 2 丁目 14-1/ TEL: 053-472-8719
18 木組による都市型住宅空間	納材者：株式会社玉健商店 / 〒160-0021 東京都新宿区歌舞伎町 2-16-9 新宿 TK ビル / TEL: 03-3209-2764/ FAX: 03-3207-4247 設計・施工製作者：株式会社タマケン / 〒160-0021 東京都新宿区歌舞伎町 2-16-9 新宿 TK ビル / TEL: 03-3209-2764/ FAX: 03-3207-4247 設計者：エヌエヌスタジオ / 〒166-0015 東京都杉並区成田東 5-39-10 畠山ビル 4F/ TEL: 03-6383-5937/ FAX: 03-6383-5923
19 地域材の活用	納材・施工者：河野興産株式会社 / 〒791-8044 愛媛県松山市西垣生町 1740 番地 6/ TEL: 089-973-4121/ FAX: 089-973-4196
20 身のまわりに木材を	納材・販売者：〒069-1511 松原産業株式会社 / 北海道夕張郡栗山町中央 1 丁目 1 番地 / TEL: 0123-72-1221/ FAX: 0123-72-5802
21 木造校舎のぬくもり	納材者：株式会社ホタカ / 〒378-0044 群馬県沼田市下之町 871-2/ TEL: 0278-23-4408 設計者：アルコム 施工者：清水建設・信越アステック共同企業体
22 公共に木材を 1	納材・設計・施工者：海野建設株式会社 / 〒883-0102 宮崎県日向市東郷町山陰 582-1/ TEL: 0982-69-3174/ FAX: 0982-69-3174
23 天然木の魅力	納材者：株式会社 碧南木材センター / 〒447-0022 愛知県碧南市旭町 4 丁目 8 番地 / TEL: 0566-41-1363/ FAX: 0566-48-4714 設計者：山本建築設計室 / 〒447-0074 碧南市上町 2 丁目 81 番地 / TEL: 0566-42-8370/ FAX: 0566-66-7275 施工者：大友建築 / 〒447-0013 愛知県碧南市白沢町 4 丁目 37 / TEL: 0566-42-8648/ FAX: 0566-48-8648
24 自然に還る素材で造る家	納材者：中屋木材株式会社 / 〒441-8006 豊橋市高洲町大江 21/ TEL: 0532-32- 1388/ FAX: 0532-32-2261 設計・施工者：株式会社 トーリンホーム / 〒440-0073 愛知県豊橋市湊町 60 番地 / TEL: 0532-55-9280/ FAX: 0532-54-3178

25「木のお風呂」でゆったりと

製作・販売者：檜創建 株式会社 / 〒509-9232 岐阜県中津川市坂下 305-15/ TEL: 0573-75-5400/ FAX: 0573-75-4771
設計者：コリアデザイン社 / 住所 : 韓国ソウル

26 名栗仕上げの表情

納材者：有限会社 橘商店 / 〒550-0012 大阪市西区立売堀 6-9-5/ TEL: 06-6443-2108/ FAX: 06-6443-6881
設計者：Ms 建築設計事務所 / 〒565-0874 大阪府吹田市古江台 3-18-10/ TEL: 06-6831-5917/ FAX: 06-6831-2654
施工者：有限会社 羽根建築工房 / 〒535-0013 大阪市旭区森小路 1-2-15/ TEL: 06-6958-6277/ FAX: 06-6958-6278

27 晴れた日にはデッキで

納材者：有限会社 奥久 / 〒653-0033 兵庫県神戸市長田区苅藻島町 3-11-43/ TEL: 078-686-1977/ FAX: 078-686-1978

28 ビル外壁の木質化

納材者：越井木材工業株式会社・大阪府森林組合 / 〒559-0026 大阪市住之江区平林北 1-2-158/ TEL: 06-6685-2061/ FAX: 06-6685-8778
設計者：河井事務所
施工者：株式会社大林組

納材者：越井木材工業株式会社 有限会社中嶋材木店 施工：株式会社松本商店 / 〒135-0064 東京都江東区青海 2-4-10/ TEL: 03-5530-2111/ FAX: 03-5530-2765
設計者：株式会社日建設計
施工者：フジタ・共立・岡健・勝美 建設共同企業体

29 木造のコンビニエンスストアー

紹介者：熊本県農林水産部森林局林業振興課 / 〒862-8750 熊本市水前寺 6 丁目 18 番 1 号 / TEL: 096-333-2448/ FAX: 096-381-8710
設計者：株式会社中央綜合建築事務所 / 〒862 - 0975 熊本県熊本市新屋敷 1 丁目 18-3/ TEL: 096-371-6651 / FAX: 096-371-6652
施工者：株式会社木村建設 / 〒860-0863 熊本県熊本市坪井 6 丁目 17-15/ TEL: 096-344-3271/ FAX: 096-344-3229

30 公共に木材を 2

設計者：nextstations 川西康之・栗田祥弘・柳辰太郎 / www.nextstations.com info@nextstations.com
設計者：佐竹建設 佐竹 隆 / satakekensetu@shirt.ocn.ne.jp/ TEL: 0880-37-2040

31 地球と家族にやさしい住まい

納在者：株式会社成瀬材木店 / 〒395-0814 長野県飯田市八幡町 2161-1/ TEL: 0265-23-2300
設計・施工者：有限会社長谷部創建 / 〒399-2221 長野県飯田市龍江 448-10/ TEL: 0265-26-6635/ FAX: 0265-26-9577

32 木のモニュメント

納材・設計・施工者：株式会社瓦野・他 / 〒547-0044 大阪市平野区平野本町 / TEL: 06-6791-1108/ FAX: 06-6791-8132
納材者：株式会社パネシス / 〒596-0011 大阪府岸和田市木材町 17-5/ TEL: 072-438-0371/ FAX: 072-439-7448

33 無垢柾板のキッチン

納材・施工者：坂本林業 / 〒639-3111 奈良県吉野郡吉野町上市 2294-18/ TEL: 0746-32-5570/ FAX: 0746-32-5788
設計者：横内敏人

34 アパートに新提案

納在者：富田木材株式会社 / 〒518⊠0828 三重県伊賀市平野中川原 560-8/ TEL: 0595-23-4588/ FAX: 0595-23-1595
設計者：あす建築事務所 名張アトリエ / 〒518-0749 三重県名張市梅が丘北 4-236/ TEL: 0595-63-9481
施工者：藤木工務店 / 〒553-0005 大阪府大阪市福島区野田 2-10-2/ TEL: 06-6462-6636/ FAX: 06-6462-6636:

35 栗材の空間

納材・設計・施工者：株式会社中球磨木材 / 〒868-0422 熊本県球磨郡あさぎり町上北 1657/ TEL: 0966-45-0405/ FAX: 0966-45-0796

36 木組みの迫力、御柱

納材者：紀平木材 有限会社 / 〒514-2308 三重県津市安濃町川西 1384-1/ TEL: 059-268-3188/ FAX: 059-268-2007
設計者：SSD 建築士事務所 / 〒514-2308 三重県津市安濃町川西 1281-1/ TEL: 059-268-1303/ FAX: 059-268-2007
施工者：川北建築 / 〒514-2104 三重県津市美里町家所 1933/ TEL: 059-279-3063

37 名栗のデザイン

納材者：有限会社 橘商店 / 〒550-0012 大阪市西区立売堀 6-9-5/ TEL: 06-6443-2108/ FAX: 06-6443-6881

38 新築に古材を使う

納材者：山口製材所 / 〒834-1103 福岡県八女市上陽町久木原 1016-1/ TEL: 0943-54-2200/ FAX: 0943-54-2227
設計・施工者：井上建築 / 〒834-1102 福岡県八女市上陽町北川内 3833-1/ TEL: 0943-54-3731/ FAX: 0943-54-3776

39 伝統構法による東屋

納材者：株式会社杉岡製材所 / 〒838-1514 福岡県朝倉市杷木久喜宮 888/ TEL: 0946-62-0035/ FAX: 0946-62-3381
長沢製材所 / 〒8838-1601 福岡県朝倉郡東峰村大字小石原 593-2/ TEL・FAX: 0946-74-2006
設計者：長谷部栄二 二級建築事務所 / 〒838-0227 福岡県朝倉郡筑前町朝日 963-2-404/ TEL: 0946-42-6278/ FAX: 0946-42-6278
施工者：北原工務店 / 〒838-0802 福岡県朝倉郡筑前町久光 342/ TEL: 0946-23-9201/ FAX: 0946-23-9202

40 "ひのき" という素材の design

納在者：株式会社グリーンマム / 〒146-0092 東京都大田区下丸子 4-27-1/ TEL: 080-3553-8831/ FAX: 020-4622-9956
設計者：株式会社リックデザイン【代表】松本照久・鈴木 修・平野 大 / 〒530-0005 大阪府大阪市北区中之島 3-2-4 大阪朝日ビル 2F/ TEL: 06-6208-5880/ FAX: 06-6208-5890
施工製作者：株式会社阪急製作所 / 〒532-0022 大阪府大阪市淀川区野中南 2-8-10 阪急インテリアスタジオ館 3F/ TEL: 06-6100-0130/ FAX: 06-6100-3230

41 爽やかな空間を

納材者：丸信木材株式会社 / 〒440-0071 愛知県豊橋市北島町字北島 67/ TEL: 0532-54-5400
設計・施工者：株式会社ひのき座 / 〒440-0855 愛知県豊橋東小池町 92-3/ TEL: 0532-53-7530

42 建物と林を繋ぐ

納材・施工者 : 越井木材工業株式会社 / 〒559-0026 大阪市住之江区平林北 1-2-158/ TEL: 06-6685-2061/ FAX: 06-6685-8778
設計者 : セキスイエクステリア　ザ・シーズンＬ＆Ｇ千里中央　北川晋也

43 木材と自然食

納在者 : 株式会社マルダイ / 〒417-0801 静岡県富士市大渕 2410-1/ TEL: 0545-35-3535/ FAX: 0545-35-2402
設計者 : KIJIMUN Design Studio (川村 洋人)/ 〒242-0006 神奈川県大和市南林間 5-1-10 児玉ハイツ 202 号室 / TEL: 046-259-6804
施工製作者 : 相馬工芸 / 〒258-0019 神奈川県足柄上郡大井町金子 102-8/ TEL・FAX: 0465-83-6609

44 木材とひかりの共演

設計者 : Masahiro Minami Design 南 政宏 / 〒522-0056 滋賀県彦根市開出今町 1700 A-301/ TEL: 0749-26-2028/ FAX: 0749-26-2028
施工製作者 : 片岡屏風店 片岡恭一 / 〒130-0033 東京都墨田区向島 1-31-6/ TEL: 03-3622-4470/ FAX: 03-3622-0294

COOL WOOD JAPAN

edited by
Japan Youth Lumbermen's Association

supervised by
Masafumi INOUE

海青社